Inhalt, Über den Autor, Symbole, Vorwort

Der Weg

Kleines Whisky-Einmaleins

Reise-Infos von A bis Z

Speyside Way in 15 Etappen

Der Speyside Way mit dem Fahrrad
Der Malt Whisky Trail mit dem Auto

Kleiner Sprachführer, Literatur

Index

Start des Speyside Way in Buckie

Band 43

OutdoorHandbuch

Hartmut Engel

Schottland: Speyside Way Whisky-Trail

DER WEG IST DAS ZIEL

Schottland: Speyside Way

© Copyright Conrad Stein Verlag GmbH.
Alle Rechte vorbehalten.

Der Nachdruck, die Übersetzung,
die Entnahme von Abbildungen, Karten, Symbolen, die
Wiedergabe auf fotomechanischem Wege (z.B. Fotokopie)
sowie die Verwertung auf elektronischen Datenträgern,
die Einspeicherung in Medien wie Internet
(auch auszugsweise) sind ohne vorherige schriftliche
Genehmigung des Verlages unzulässig und strafbar.

Alle Informationen, schriftlich und zeichnerisch, wurden
nach bestem Wissen zusammengestellt und überprüft.
Sie waren korrekt zum Zeitpunkt der Recherche.
Eine Garantie für den Inhalt, z.B. die immerwährende
Richtigkeit von Preisen, Adressen, Telefon- und Faxnummern
sowie Internet-Adressen, Zeit- und sonstigen Angaben,
kann naturgemäß von Verlag und Autor - auch im Sinne der
Produkthaftung - nicht übernommen werden.

Der Autor und der Verlag sind für Lesertipps und
Verbesserungen (besonders als E-Mail oder auf Diskette)
unter Angabe der Auflagen- und Seitennummer dankbar.

Leser, deren Einsendung verwertet wird, werden in der
nächsten Ausgabe genannt und erhalten als Dank
ein Exemplar der neuen Auflage oder ein anderes Buch ihrer
Wahl aus dem Programm des Verlags.

Titelfoto: Hinter den Earth Pillars

Whisky Trail 5

OutdoorHandbuch aus der Reihe "Der Weg ist das Ziel", Band 43

ISBN 3-89392-643-7   3. Auflage 2006

® OUTDOOR, BASIXX und FREMDSPRECH sind eingetragene Marken für Bücher des Conrad Stein Verlags

© BASISWISSEN FÜR DRAUSSEN, DER WEG IST DAS ZIEL und FERNWEHSCHMÖKER sind urheberrechtlich geschützte Reihennamen für Bücher des Conrad Stein Verlags

Dieses OutdoorHandbuch wurde konzipiert und redaktionell erstellt vom Conrad Stein Verlag GmbH, Postfach 1233, 59512 Welver, Dorfstr. 3a, 59514 Welver, ☎ 02384/963912, FAX 02384/963913, <info@conrad-stein-verlag.de>, <http://www.conrad-stein-verlag.de>.

Unsere Bücher sind überall im wohl sortierten Buchhandel und in cleveren Outdoorshops in Deutschland, Österreich und der Schweiz erhältlich.
Auslieferung für den Buchhandel:

D   Prolit, Fernwald und alle Barsortimente
A   freytag & berndt, Wien
CH AVA-buch 2000, Affoltern und Schweizer Buchzentrum
I   Mappa Mondo, Brendola

Text und Karten: Hartmut Engel
Fotos: Dieter Großelohmann, Chivas Brothers (Pernod Ricard)
Historische Fotos: Cardhu Distillery und William Grant & Sons
Lektorat: Conrad Stein und Manuela Dastig
Layout: Manuela Dastig
Gesamtherstellung: Wilhelm & Adam, 63510 Heusenstamm

Dieses OutdoorHandbuch hat 171 Seiten mit 22 farbigen und 28 schwarzweißen Abbildungen, 2 Skizzen zur Whiskyherstellung, 15 Label sowie 17 Karten und einer Übersichtskarte. Es wurde auf chlorfrei gebleichtem Papier gedruckt und der größeren Strapazierfähigkeit wegen mit PUR Kleber gebunden.

00149000

Inhalt

Symbole			8
Über den Autor			8
Vorwort			9
Danke			11

Der Weg — 12

Wissenswertes	13	Natur und Umwelt	19
Übersichtskarte	15	Flora	20
Geografie	16	Fauna	22
Wirtschaft	18	Klima	23

Kleines Whisky-Einmaleins — 25

Allgemeines	26	Mälzen	31
Whiskyregionen	27	Brauen	32
Whiskysorten	28	Brennen	34
Herstellung von Malt Whisky	29	Reifung	37

Reise-Infos von A bis Z — 41

Adressen	42	Karten	54
Wandern	44	Lammsaison	55
Anreise	44	Maße und Gewichte	56
Ausrüstung	48	Medizinische Versorgung	56
Country Code	49	Munros, Corbetts und Marylins	57
Countryside Ranger	50	Nahverkehr	58
Diplomatische Vertretungen	50	Post	60
Einreise	51	Sport	61
Elektrizität	51	Stechfliegen und Mücken	63
Geld	52	Telefon	64
Haustiere	52	Unterkunft	65
Information	53	Zeit	67
Jagdsaison	54	Zoll	68

Der Speyside Way in 15 Etappen	**69**
1. Etappe: Buckie - Spey Bay (8 km)	70
2. Etappe: Spey Bay - Fochabers (8 km)	78
3. Etappe: Fochabers - Boat o' Brig (9 km)	83
4. Etappe: Boat o' Brig - Craigellachie (11,5 km)	86
5. Etappe: Craigellachie - Dufftown (7,5 km)	91
6. Etappe: Craigellachie - Aberlour (3,5 km)	104
7. Etappe: Aberlour - Carron (5,5 km)	109
8. Etappe: Carron - Ballindalloch (10,5 km)	112
9. Etappe: Ballindalloch - Glenlivet (11 km)	117
10. Etappe: Glenlivet - Tomintoul (13,5 km)	126
11. Etappe: Ballindalloch - Cromdale (16 km)	133
12. Etappe: Cromdale - Grantown-on-Spey (5 km)	136
13. Etappe: Grantown-on-Spey - Nethy Bridge (10 km)	140
14. Etappe: Nethy Bridge - Boat of Garten (10 km)	145
15. Etappe: Boat of Garten - Aviemore (10 km)	149
Der Speyside Way mit dem Fahrrad	**154**
Der Malt Whisky Trail mit dem Auto	**154**
Kleiner Sprachführer / Literatur	**162**
Kleiner Sprachführer	163
Literatur	166
Index	**169**

Über den Autor

Hartmut Engel schreibt seit 20 Jahren Artikel für verschiedene Zeitschriften und ist Autor mehrerer Reise- und Sachbücher. Seit vielen Jahren führt er regelmäßig kleinere Gruppen von Wanderern durch die schottischen Highlands.

Im Conrad Stein Verlag sind von ihm die OutdoorHandbücher in der Reihe Basiswissen für draußen "Essbare Wildpflanzen", "Spuren & Fährten", "Wattwandern", "Urlaub auf dem Land-bei den Nordlichtern" und in der Reihe Der Weg ist das Ziel die Bände "Irland: Shannon-Erne", "Schottland: West Highland Way", "Irland: Kerry Way", "Mallorca: Serra Tramuntana", "Nordirland: Coastal Ulster Way" sowie "Schweiz: Jakobsweg"erschienen.

Symbole

↯	Abstecher
✋	Achtung!
A	Apotheke
🏞	Aussichtspunkt
🚆	Bahn
BANK	Bank
📖	Buchtipp
🚌	Bus
⛺	Camping
▲	Destillerie
@	E-Mail-Adresse
✈	Flugzeug
📷	Fototipp
⬛	geöffnet...
🖥	Homepage
✚	Hospital, Arzt
🛏	Hotel
ℹ	Information
🏠	Jugendherberge/Bunkhouse
🏪	Krämerladen
✝	Kirche
ℋ	Museum
🚂	Museumsbahn
🌳	Naturschutzgebiet
★	Polizei
✉	Post
🚗	Privater Fahrdienst
✗	Restaurant
⛴	Schiff/Fähre
⛷🚴	Sport-möglichkeiten
⛽	Tankstelle
☎	Telefon
☺	Tipp
☞	Verweis
🚶	Wandermöglichkeit
▲	Wildcampen
🥃	Whiskyshop
🚐	Wohnmobil
🚙	Wohnwagen
B&B	Bed&Breakfast
ÜF	Übernachtung mit Frühstück
❶❷...	Bemerkenswertes im Text und den Karten

Vorwort

Nach dem Erscheinen der zweiten Auflage des OutdoorHandbuchs WHISKY TRAIL / SPEYSIDE WAY sind schon wieder einige Jahre ins Land gegangen, so dass es nötig war, die hier vorliegende dritte Auflage völlig zu bearbeiten. Neben Korrekturen vor allem bei Preisen, Öffnungszeiten und Anschriften sind auch zahlreiche Neuerungen, die Serviceeinrichtungen entlang des Weges betreffen, eingearbeitet worden.

Das Buch wird Ihnen bei der Planung, Vorbereitung und Durchführung Ihrer Reise in das Zentrum der schottischen Whiskyherstellung ein zuverlässiger Helfer und Begleiter sein. Darüber hinaus soll es Ihnen "Appetit" auf die Landschaft um den River Spey machen und in Ihnen Vorfreude auf eine Reise in die Region Speyside wecken. Neben der Wegbeschreibung enthält das Buch umfangreiche praktische Informationen sowie Wissenswertes zu Geografie, Natur und Landschaft. In einem eigenen Kapitel wird ausführlich auf das Hauptprodukt der Region, den Whisky, eingegangen.

Das Buch liefert alle für eine Wanderung oder Radtour erforderlichen Informationen, so dass Sie während der Reise keine anderen Veröffentlichungen, weder Karten noch Bücher, benötigen. Der Führer enthält detaillierte Karten, die zur Orientierung im Gelände entlang des Speyside Way völlig ausreichen.

Da an den meisten Etappenzielen über die Informationen zum eigentlichen Zielort hinaus noch weitere Hinweise zu Wanderungen, Ausflügen und Besichtigungen in der näheren Umgebung gegeben werden, ist der Führer auch für all jene geeignet, die nicht den gesamten Weg ablaufen wollen, sondern nur von einem festen Standort Wanderungen oder Radtouren in der Gegend unternehmen möchten. Mit Hilfe des Buches ist es möglich, einen Großteil der Region auch unabhängig vom Speyside Way zu erkunden.

Die Beschreibung des Speyside Way erfolgt in insgesamt 15 Etappen, wobei die Abstecher von Craigellachie nach Dufftown sowie von Ballindalloch über Glenlivet nach Tomintoul mit eingerechnet sind. Die Länge einer Etappe liegt in der Regel zwischen 5 und 10 km. Die Etappenziele sind nach Möglichkeit so gewählt, dass dort Unterkünfte vorhanden oder leicht erreichbar sind und Anschlüsse an den öffentlichen Nahverkehr bestehen.

Zu jeder Etappenbeschreibung werden wichtige Informationen, wie z.B. zu Unterkünften, Einkaufsmöglichkeiten, Ärzten, Post, Bank usw. gegeben. Bei den

Unterkünften konnte in den größeren Orten aus Platzgründen nur eine Auswahl getroffen werden. Hier wird in erster Linie auf solche Quartiere verwiesen, die möglichst nah am Wanderweg liegen.

☺ In den Touristenbüros sowie vom Speyside Way Ranger Service erhalten Sie Faltblätter mit Übernachtungsmöglichkeiten (Hotels, B&B sowie Selbstversorgerunterkünfte) entlang des Weges.

Bei den meisten Etappen werden zusätzlich zum ausgeschilderten Wanderweg noch kurze Abstecher oder interessante längere Touren beschrieben. Für diese Abweichungen vom Speyside Way benötigen Sie dann meist zusätzliches Kartenmaterial (☞ Reise-Infos von A bis Z, Kartenmaterial).

Für Autotouristen gibt es unter dem Namen "Malt Whisky Trail" eine ausgeschilderte Rundtour, die über mehr als 100 km durch die Region Speyside und zu einigen der wichtigsten Destillerien, einer Küferei und einem Destilleriemuseum führt. Sie ist zwar nicht identisch mit dem Wanderweg, berührt diesen aber an mehreren Punkten. In einem eigenen Kapitel wird diese Rundtour kurz beschrieben.

Die Region Speyside beherbergt die meisten Destillerien ganz Schottlands. Sie werden in fast jedem Ort auf eine Whiskybrennerei stoßen. Manche Orte bestehen nur aus einer Destillerie, um die sich eine Handvoll Häuser gruppieren. Da das Buch kein Werk über den Whisky ist, sondern ein Wanderbuch über den Speyside Way, konnten aus Platzgründen nicht alle Destillerien im Textteil Erwähnung finden. Näher beschrieben werden aber alle Destillerien, die für die Öffentlichkeit zugänglich sind und/oder direkt auf der Route des Speyside Way liegen.

✋ Bedenken Sie bitte, dass es Kindern unter acht Jahren in einigen Destillerien aus Versicherungsgründen nicht gestattet ist, die Produktionsanlagen zu besichtigen.

Die meisten Destillerien bieten nach der Besichtigung einen Probeschluck Whisky. Autofahrer erhalten auf Anfrage bei vielen Brennereien statt des Glases Whisky eine Miniaturflasche, die sie dann nach dem Chauffieren gemütlichen probieren können.

In diesem Sinn: Slainte (Prost)! Hartmut Engel

Danke

Ich danke meiner Frau Ulrike, ohne deren Hilfe und Verständnis dieses Buch nicht zu Stande gekommen wäre und meinem Freund Wolf Münkemüller.

Mein besonderer Dank gilt Mrs. Carole Auld von *William Grant & Sons*, ohne die ich die Technik und Kunst der Whiskyherstellung nie richtig verstanden hätte. Sie steht auch stellvertretend für die Mitarbeiter der aufgeführten Destillerien, die mir mit viel Geduld und Fachwissen meine Fragen beantwortet haben.

Sie wollen ein Buch aus dem Conrad Stein Verlag kaufen...

... leben aber jott-we-de oder bestellen alles andere schon immer im Versand oder trauen sich wegen des schlechten Wetters nicht auf die Straße oder wollen Ihren Buchhändler nicht mit ausgefallenen Wünschen belästigen oder finden es einfach bequemer - dann sollten Sie bei uns bestellen:

Germinal GmbH Verlags- und Medienhandlung
Postfach 70, D 35461 Fernwald,
Tel. 0641/41700, Fax 0641/943251
e-mail: bestellservice@germinal.de

Wir liefern Ihnen alle Bücher aus dem aktuellen Prospekt des Conrad Stein Verlags portofrei gegen Rechnung. Ab € 100 Bestellsumme erfolgt die Lieferung nur gegen Vorkasse (bitte Scheck beilegen) oder Bankeinzug (Kontonummer und BLZ bitte mitteilen) oder per Kreditkarte (Visa, Euro/Mastercard, American Express, Diners Club - bitte Kartennummer und Ablaufdatum mitteilen).

Wegweiser an der Böttcherei in der Nähe von Craigellachie

Wissenswertes

Der Speyside Way ist neben dem West Highland Way, dem Great Glen Way und dem Southern Upland Way einer der vier offiziellen schottischen Fernwanderwege. Verglichen mit dem schwierigen West Highland Way, dem über 300 km langen Southern Upland Way und dem erst 2002 eröffneten Great Glen Way ist er in weiten Teilen einfach zu gehen und auch für Anfänger und Familien mit kleineren Kindern geeignet. Für viele gilt er als gute Einführung in das Langstreckenwandern.

 Schottland: West Highland Way von Hartmut Engel, OutdoorHandbuch Der Weg ist das Ziel, Band 26, Conrad Stein Verlag, ISBN 3-89392-626-7, € 12,90

In einer Verordnung der Countryside Commission of Scotland von 1967 wurde der Speyside Way als Langstreckenwanderweg festgelegt. Darin ist die Streckenführung von der Nordsee entlang des **River Spey** bis zu den mächtigen Bergen der **Cairngorm Mountains** vorgesehen.

Der durch **Moray** verlaufende nördliche Teil des Weges von Spey Bay bis Ballindalloch wurde im Juli 1981 offiziell eröffnet. 1988 kam der Abschnitt von Ballindalloch nach Tomintoul hinzu, der genau wie die Strecke von Craigellachie nach Dufftown ein markierter Abstecher von der eigentlichen Route ist.

Der südliche Teil des Wanderweges von Ballindalloch bis Aviemore wurde im April 2000 fertiggestellt und in einer öffentlichen Zeremonie durch den schottischen Verkehrs- und Umweltminister freigegeben. Inzwischen wird bereits darüber nachgedacht, den Weg noch weiter in das Tal des Spey hinein zu verlängern, um ihn über Loch Laggan und Spean Bridge mit dem Great Glen zu verbinden.

Der Speyside Way ist mit seinen markierten Abstechern insgesamt 135 km lang. Er beginnt an der Nordsee in dem kleinen Hafenstädtchen **Buckie** und führt dann zur Mündung des Spey bei **Spey Bay**.

Der erste Streckenabschnitt verläuft durch die Küstenebene, bis das Gelände ab Fochabers hügeliger wird und der Weg weiter, fast immer in Sichtweite des Spey, bis **Aviemore** führt. Auf weiten Teilen der Tour wandern Sie auf einer sehr gut hergerichteten Trasse einer ehemaligen Bahnlinie. Zum Teil sind alte Fischerpfade, Forstwege und Nebenstraßen in den Speyside Way einbezogen worden. Auch der Abstecher nach **Dufftown** verläuft auf einer alten Bahntrasse.

Wegen der relativ kurzen Abstände zwischen den einzelnen Zielen und der guten und einfachen Wege sind diese Etappen auch für ungeübte Wanderer und Familien geeignet.

Die Strecke von Ballindalloch nach **Tomintoul** führt dagegen auf schmalen Pfaden durch offenes Heideland über mehrere Berge entlang des **River Avon**. Der Charakter der Strecke ändert sich hier schlagartig. Es existieren keine befestigten Wege mehr und längere Auf- bzw. Abstiege sind zu bewältigen. Außerdem gibt es auf dem ganzen Weg, mit Ausnahme von Glenlivet, so gut wie keine Schutzmöglichkeiten, die bei schlechtem Wetter Unterstand bieten.

✋ Obwohl dieser Abschnitt durchgängig gut markiert ist, sollten Sie hier auf Kompass und Karte (in diesem Buch), vor allem bei unsicheren Witterungsbedingungen, nicht verzichten. Denken Sie immer daran, dass das Wetter in den Highlands oft unberechenbar ist und das schönste Sommerwetter in kurzer Zeit umschlagen und Regen oder Nebel bringen kann, der die Orientierung erschwert oder sogar unmöglich macht.

📖 **Karte, Kompass, GPS**, Reinhard Kummer, OutdoorHandbuch Basiswissen für draußen (Band 4), Conrad Stein Verlag, ISBN 3-89392-604-6, € 7,90

Für die eigentliche Wanderung benötigen Sie, je nach Kondition und wenn Sie keine größeren Besichtigungspausen einlegen, etwa eine Woche.

☺ Sie sollten aber bedenken, dass es entlang des Weges und nicht weitab davon eine Menge interessanter Stätten zu erkunden und zu besichtigen gibt. Wenn Sie die Region um den River Spey wirklich kennen lernen wollen, sollten Sie sich schon **14 Tage Zeit** für die Reise nehmen.

Die meisten Wanderer beginnen ihre Tour an der Nordsee in Spey Bay und gehen dann flussaufwärts. Dies hat den Vorteil, dass man sich im flachen Gelände zunächst richtig einlaufen kann, bis in den Bergen die schwierigeren Pfade zu bewältigen sind. Die Beschreibungen der einzelnen Etappen erfolgen daher in dieser Richtung. Wenn nötig, werden aber auch Hinweise für die Gegenrichtung gegeben.

Wenn Sie auf die "Einlaufphase" verzichten wollen und können, dann sollten Sie ruhig die andere Richtung wählen. Sie bringt Sie mit der Fließrichtung des

Spey aus den Bergen bis an die Nordsee, wo sich der Fluss im Meer verliert. Ein weiterer Vorteil besteht darin, dass Sie wegen der vorherrschenden Westwinde Wind und Regen in dieser Richtung eher im Rücken als im Gesicht haben.

Selbstverständlich müssen Sie nicht den gesamten Weg ablaufen. Sie können sich beliebige Einzeletappen aussuchen oder z.B. in Dufftown starten und dann bis zum Meer wandern. Auch enthalten die Etappenbeschreibungen keine Vorschriften über zu vollbringende Tages- oder Gesamtleistungen. Wie lange Sie laufen, hängt allein von Ihnen und den Verkehrs- und/oder Unterkunftsmöglichkeiten ab.

Die eigentliche **Wandersaison** ist von Ende März bis Ende Oktober. Die schönste Zeit zum Wandern ist jedoch von April bis Ende Juni, wenn der Frühling das Land in neuen Farben erstrahlen lässt. In dieser Zeit sind noch relativ wenig Touristen unterwegs. Mai und Juni sind zudem die regenärmsten Monate. Im Juli und August ist Hochsaison. Bei Quartieren können Engpässe auftreten. Sie sollten nach Möglichkeit rechtzeitig reservieren.

Ruhiger wird es wieder im September und Oktober. Besonders der Oktober bringt mit seinem bunt gefärbten Herbstlaub, klarer Luft und tiefblauem Himmel oft noch besonders schöne Tage zum Wandern.

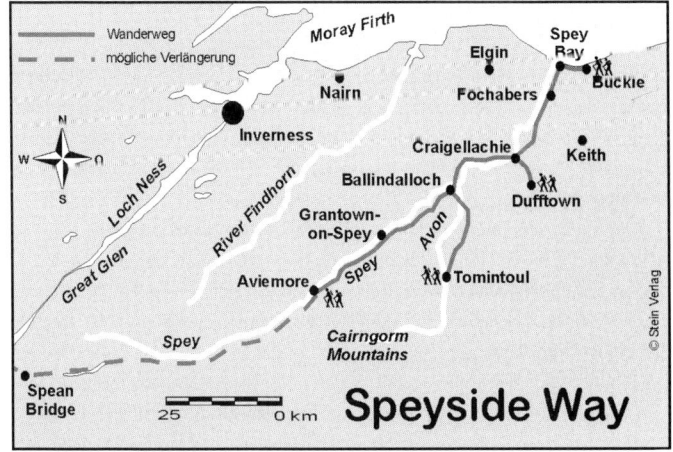

Den Streckenabschnitt von Spey Bay bis Aviemore können Sie in der Regel während des ganzen Jahres begehen. In den höheren Lagen zwischen Ballindalloch und Tomintoul müssen Sie von Oktober bis Mai mit Schnee und Eis rechnen. Zu dieser Zeit sollten Sie sich hier nur mit entsprechender Ausrüstung und Erfahrung auf den Weg machen.

Bitte bedenken Sie auch, dass viele Unterkünfte im Winter geschlossen sind und die Straßen in den Highlands bei Schnee und Eis oft schwer oder gar nicht zu befahren sind. Auch viele von den im Buch beschriebenen Sehenswürdigkeiten, wie z.B. Schlösser oder Museen, sind in den Wintermonaten, oft schon von Oktober bis etwa Ostern, für Besucher geschlossen.

Der Speyside Way ist über die gesamte Länge vorbildlich markiert. Als Zeichen wird, wie bei den anderen schottischen Fernwanderwegen auch, eine stilisierte Distel, oft mit einem Richtungspfeil kombiniert, verwandt. In der Regel sind die Zeichen gut sichtbar auf etwa einen Meter hohe quadratische Holzpfähle graviert. Sie stehen überall dort, wo ein Richtungswechsel erfolgt.

Geografie

Das heutige Schottland bedeckt inklusive seiner Inseln eine Fläche von knapp 80.000 km², was in etwa der Größe Österreichs (ca. 84.000 km²) entspricht. Der südlichste Punkt des Landes liegt ziemlich genau auf dem gleichen Breitengrad wie Flensburg, Deutschlands nördlichster Stadt. Im Norden reichen die zu Schottland gehörenden Shetland-Inseln weit über den 60. Breitengrad hinaus. Sie liegen auf der gleichen Breite wie Bergen in Norwegen.

Die Britischen Inseln gehören zu einem uralten Gebirgsrücken, der sich weiter in einem riesigen Halbkreis über Norwegen, Spitzbergen und Grönland bis nach Nordamerika hinzieht. In den Highlands wurden die ältesten Gesteine Europas gefunden. Sie stammen aus dem Präkambrium, einer Zeit vor 2,8 bis 1,4 Mrd. Jahren.

Die heutige Oberflächengestalt Schottlands ist ein Produkt ausgedehnter tektonischer und eiszeitlicher Prozesse. Bewegungsvorgänge in der Erdkruste sowie Vulkanismus haben zu mehreren auffälligen, heute noch gut sichtbaren

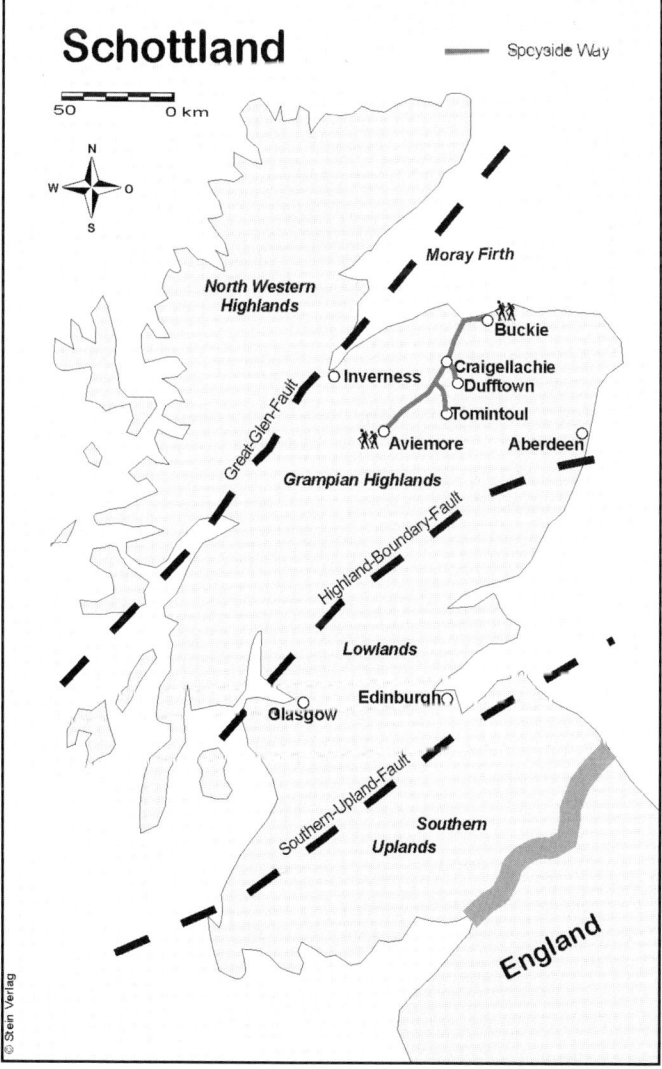

Grabenbrüchen bzw. **Verwerfungsfalten** in Schottland geführt. Von Süden nach Norden sind das die **Southern-Upland-Fault**, **Highland-Boundary-Fault** und **Great-Glen-Fault**.

Die **Southern Uplands** sind die südlichste Landschaft Schottlands. Sie sind der erodierte Rest eines größeren Gebirges. Heute reichen die höchsten Gipfel nur noch bis knapp 850 m. Das Land wird im Wesentlichen als extensive Schafweide genutzt.

Nach Norden hin, durch die Southern-Upland-Fault abgegrenzt, schließen sich die **Lowlands** an. In dieser mittelschottischen Senke, die kaum größere Erhebungen hat, leben drei viertel der schottischen Bevölkerung. Hier befinden sich die großen Industriezentren und die größten Städte mit **Glasgow** und der Hauptstadt **Edinburgh**. Der Boden ist fruchtbar und eignet sich hervorragend für die Landwirtschaft.

Die Highland-Boundary-Fault trennt die Lowlands von den **Highlands** im Norden. Die Highlands, ein zum Teil stark zerklüftetes bergiges Gelände, sind das eigentliche Ziel der meisten Schottlandbesucher. Hier ist die Heimat der Clans, hier liegen die höchsten britischen Berge, und die Fjorde dringen tief ins Landesinnere vor. Über das ganze Gebiet sind durch Eiszeiten und andere geologische Einflüsse entstandene größere und kleinere Seen (Lochs) verteilt. Das Klima ist rau und der Boden karg.

Die Highlands werden noch durch einen großen Grabenbruch, die Great-Glen-Fault, unterteilt. Im Süden liegen die **Grampian Highlands**, wo der Speyside Way verläuft. Nördlich von diesem Grabenbruch liegen die **North Western Highlands**.

Wirtschaft

Obwohl die **Bevölkerungszahl** in den Highlands in den letzten Jahren langsam gewachsen ist, leben hier nur noch ca. 200.000 Einwohner, das sind gerade 4% der Gesamtbevölkerung Schottlands.

Neben **extensiver Weidewirtschaft** sind die **Jagd** und **Forstwirtschaft** sowie in immer stärkerem Ausmaß der **Tourismus** die Erwerbsquellen der wenigen Bewohner. In vielen Küstenorten war früher die **Fischerei** der wichtigste wirtschaftliche Faktor. Obwohl Schottland heute immer noch über eine relativ große Fischfangflotte verfügt, sind die meisten früher blühenden Fischerorte zu verschlafenen

Siedlungen geworden, die sich bemühen, auf die eine oder andere Weise Touristen anzulocken. Seit Anfang der 80er Jahre sorgen die Öl- und Gasquellen in der Nordsee für kräftige Einnahmen im britischen Haushalt. Hiervon hat vor allem **Aberdeen** als Zentrum der **Ölwirtschaft** profitiert.

Last but not least muss auf ein Produkt hingewiesen werden, das sich wie ein roter Faden durch das ganze Buch zieht: der **Whisky**. Er ist ein wichtiger wirtschaftlicher Faktor nicht nur der Highlands, sondern ganz Schottlands. Das bekannteste schottische Produkt erwirtschaftet immerhin ca. 20% des gesamten schottischen Exportvolumens.

Natur und Umwelt

Obwohl Schottland zur Zeit keine Nationalparks ausgewiesen hat, ist ein Großteil der Landesfläche doch durch verschiedene Formen von Naturschutzgebieten mehr oder weniger vor zerstörerischen Zugriffen des Menschen gefeit. So gibt es 71 **Naturreservate** (National Nature Reserve) mit einer Fläche von etwa 1.200 km². Das größte Gebiet wird vom **Cairngorms National Nature Reserve** gebildet. Das Schutzgebiet, an dessen Ausläufern der Speyside Way endet, hat eine Größe von 250 km².

Landschaft bei den Earth Pillars

13% der Landesoberfläche nehmen die mehr als 40 geschützten **National Scenic Areas** ein und weitere 11% sind durch ca. 1.400 kleinere Schutzgebiete mit speziellem botanischen, zoologischen, geologischen oder historischen Interesse abgedeckt.

Geradezu vorbildlich ist Schottland, was die Qualität seiner **Gewässer** angeht. Von den mehr als 1.700 Seen haben die meisten eine sehr gute Wasserqualität. 95% aller Flüsse, das sind über 45.000 Flusskilometer, haben Trinkwasserqualität. Weniger als 1% sind stark verschmutzt oder biologisch tot.

Natürlich gibt es auch **Umweltprobleme**. So beklagen z.B. die Lachsfischer in den Flüssen - und Statistiken belegen dies -, dass Fangmenge und Größe der Fische in den letzten Jahren deutlich abgenommen haben. Die küstennahen Gewässer sind nahezu leergefischt. Manche Säugetierarten oder Vögel sind ausgestorben oder können sich nur noch deshalb halten, weil man mit aufwändigen Artenschutzmaßnahmen ihre Populationen stabilisiert. Auf die Problematik der fünf schottischen Atomkraftwerke soll hier nur kurz hingewiesen werden.

Eine **Müllproblematik** scheint es in Schottland nicht zu geben. Zumindest hat die Bevölkerung davon noch nichts mitbekommen oder will davon nichts wissen. In Kaufhäusern und Lebensmittelläden werden Sie mit Plastiktüten nur so zugedeckt. Mehrweggefäße gibt es so gut wie gar nicht. Getränke werden in der Regel in Dosen oder Einwegflaschen verkauft. Die Trennung von Müll sowie die anschließende Wiederverwertung sind weitgehend unbekannt. Auch beim **Energiesparen** steht Schottland sicher nicht an erster Stelle. Geheizt wird fast überall mit einzelnen Elektroöfen. Selbst in den Hochlandorten mit ihren kalten Wintern sind Doppelglasscheiben so gut wie unbekannt.

Alles in allem lässt sich aber sagen, vor allem wenn man Schottland mit den mitteleuropäischen Industriestaaten vergleicht, dass die Natur im Lande, vielleicht abgesehen von dem dicht besiedelten "Speckgürtel" um Edinburgh und Glasgow, noch weitgehend in Ordnung ist.

☺ Anschriften zum Thema Umwelt- und Naturschutz ☞ Reise-Infos von A bis Z, Adressen

Flora

Wenn Sie heute die Landschaft betrachten, werden Sie kaum glauben können, dass die nahezu baumlosen Highlands noch nach der letzten Eiszeit fast vollständig von Wald bedeckt waren. Dominierendes Element war damals eine bestimmte Kiefernart, die für Schottland typisch ist. Dieser sogenannte **Kaledonische**

Kiefernwald wurde seit der Steinzeit "genutzt". Bereits im Mittelalter waren große Flächen Schottlands baumlos. Den endgültigen Todesstoß erhielt der Wald im 18. und 19. Jahrhundert, als durch die aufkommende Industrialisierung ungeheure Mengen Holz verbraucht wurden. Heute sind nur noch wenige spärliche Reste vorhanden, und unter großem Aufwand wird versucht, Teile wiederaufzuforsten.

Dies ist insofern jedoch schwierig, weil sich inzwischen in den baumlosen Gebieten nährstoffarme **Heiden** und **Moore** gebildet haben, ein durch menschliche Eingriffe bedingtes Degenerationsstadium der Landschaft.

Während wir in der deutschen Sprache klar zwischen Mooren und Heiden trennen, werden im englischen Sprachgebrauch beide Landschaftstypen unter dem Oberbegriff *moor* zusammengefasst. Der Begriff ist daher eher mit dem skandinavischen *Fjell* vergleichbar.

Ein schottisches Moor ist also nicht zwangsläufig ein feuchtes oder nasses Gelände. Typisch dafür sind die trockenen Heidemoore der Grampians. Hier dominieren Arten wie Besenheide, Blaubeeren, Ginster und Farne. Die höheren Berge entlang des Speyside Way sind zum großen Teil von solchen, eher trockenen Mooren bedeckt.

Daneben gibt es aber auch die typischen feuchten Moore, deren Grundlage Torfmoose bilden. Auf ihnen wachsen z.B. Glockenheide, Wollgras und Gagelstrauch. Sie liefern auch den u.a. für die Whiskyherstellung begehrten Rohstoff **Torf**. Obwohl dieser sehr feuchte bis nasse Moortyp, auch Deckenmoor genannt, vor allem im Norden der North Western Highlands und auf den Äußeren Hebriden verbreitet ist, gibt es aber auch entlang des Speyside Way solche Deckenmoore. So können Sie z.B. etwa 5 km nördlich von Tomintoul eine Torfabbaustelle besichtigen.

Botanische Besonderheiten sind in den gemäßigten und kühleren Breiten in der Regel nicht wie ihre Pendants in den Tropen farbenfroh und groß, sondern eher unscheinbar und klein. Mit einiger Aufmerksamkeit werden Sie aber dennoch viele seltene Pflanzen entlang des Speyside Way entdecken können, z.B. verschiedene Orchideenarten oder fleischfressende Pflanzen (wie der Sonnentau), die einen Teil ihres Nährstoffbedarfs dadurch decken, dass sie Insekten verdauen. Obwohl in Schottland nur etwa 1.000 verschiedene Pflanzenarten heimisch sind, ist die Pflanzenwelt doch von allergrößtem Interesse. Dies liegt daran, dass hier sehr viele arktische Pflanzen heimisch sind, die in den Highlands ihre südlichste Verbreitungsgrenze erreichen.

Darüber hinaus gibt es eine große Gruppe alpiner Pflanzen, die in Schottland in sehr viel geringeren Höhen wachsen als in den Alpen. Diese Mischung alpiner und arktischer Pflanzengesellschaften macht Schottland für den wissenschaftlich arbeitenden Botaniker wie für den Hobbybotaniker gleichermaßen interessant.

Last but not least soll die **Distel** erwähnt werden, die überall in Schottland häufig vorkommt. Sie ist die schottische Nationalblume und wurde von den Initiatoren des Speyside Way und der anderen Fernwanderwege auch zu deren Symbol gewählt.

Die Distel als Symbol

Fauna

Da der Speyside Way durch eine Anzahl unterschiedlicher Lebensräume von der Küste über Wald- und Farmland bis zu kargen Gebirgslandschaften verläuft, ist die Artenvielfalt an Tieren, die Sie während Ihrer Wanderung beobachten können, relativ groß. Deshalb soll auch hier nur ein kurzer Überblick gegeben werden. Auf Besonderheiten wird dann bei den Beschreibungen zu den einzelnen Etappen eingegangen.

An der Küste werden Ihnen vor allem die vielen **See- und Strandvögel** auffallen. In den tieferen Lagen im Landesinneren sind es im wesentlichen die unterschiedlichen **Singvogelarten**, die Sie beobachten können. In den Bergen werden Sie mit etwas Glück das **Schottische Moorschneehuhn** (grouse) entdecken, das bei Annäherung aus seiner Deckung aufspringt und mit flatternden Flügelschlägen meist abwärts flieht.

Mit sehr viel Glück und Geduld können Sie sogar die majestätischen **Fischadler** (osprey) oder **Steinadler** (golden eagle) beobachten. Während das **Auerhuhn** (capercaillie) sehr selten vorkommt und scheu ist, werden Sie **Fasane** (pheasant) zu bestimmten Zeiten an vielen Stellen in großen Mengen antreffen. Manche Straßenabschnitte sind übersät mit Fasanenleichen.

Die meisten größeren Säugetiere wie Auerochse, Braunbär, Luchs, Wolf, Wildschwein, Biber oder Elch sind in Schottland inzwischen ausgestorben. Ausgestorben war auch das **Rentier** (reindeer), das inzwischen aber wieder erfolgreich eingebürgert wurde. **Rehe** (roe) und vor allem **Rothirsche** (red deer) sind stellenweise sehr häufig, da ihnen die natürlichen Feinde fehlen.

Mit etwas Geduld werden Sie auch die heimischen Meeressäuger zu Gesicht bekommen. An der Küste und im Delta des Spey tummeln sich häufig **Seehunde** (common seal) und **Kegelrobben** (grey seal). Nicht selten kann man vom Strand eine Delphinart, die **Großen Tümmler** (bottle-nosed dolphin), beobachten.

Wegen der kühlen und kurzen Sommer und zum Teil harten Winter sind Amphibien, Reptilien sowie Insekten nur spärlich vertreten, dennoch lebt im Gebiet eine Giftschlangenart, die **Kreuzotter** (adder). Sie werden die äußerst scheuen Tiere jedoch kaum zu sehen bekommen, weil sie sich sofort verkriechen, wenn sich ihnen jemand nähert.

Die Wahrscheinlichkeit, in Schottland von einer Kreuzotter gebissen zu werden, dürfte geringer sein, als vom Blitz erschlagen zu werden. Sollte trotzdem der unwahrscheinliche Fall eintreten, suchen Sie möglichst schnell einen Arzt auf. Kreuzotterbisse sind in der Regel zwar nicht tödlich, können aber unangenehme und langwierige Krankheitsfolgen nach sich ziehen.

Flüsse und Seen bergen eine reiche Fischfauna. Am bekanntesten - und bei Anglern am beliebtesten - sind **Lachs** (salmon) und **Forelle** (trout).

- **Angeln** von Harald Barth, OutdoorHandbuch Basiswissen für draußen (Band 21), Conrad Stein Verlag, ISBN 3 89302 121 4, € 7,90
- **Spuren und Fährten** von Hartmut Engel & Stefan Zabanski, OutdoorHandbuch Basiswissen für draußen (Band 30), Conrad Stein Verlag, ISBN 3-89392-130-3, € 6,90

Klima

Schottland liegt in einer Zone ozeanischen Klimas, in der das ganze Jahr über zum Teil starke **Westwinde** vorherrschen. Diese Winde bringen feuchte Luftmassen mit sich, die an den Bergen im Westen abregnen. Hier werden die größten **Niederschlagsmengen** mit 4.000 mm pro Jahr und mehr gemessen. In dem für sein regenreiches Wetter verrufenen Hamburg fallen nur 600 bis 700 mm pro Jahr.

Je weiter man sich in Schottland der Ostküste nähert, desto eher sind die Wolken abgeregnet und die Niederschlagsmengen werden entsprechend geringer. Dafür ist es im Osten im Winter aber deutlich kälter, weil der günstige Einfluss des Golfstromes fehlt. Eine Faustregel besagt, dass die Ostküste kühl und trocken ist, während es im Westen feucht und mild ist. Die Monate mit den meisten Niederschlägen sind Dezember und Januar sowie Juli und August. Statistisch am wenigsten regnet es im Mai und Juni.

Manche Orte in den Highlands werden im Winter durch große **Schneemengen** von der Umwelt abgeschnitten. Bekannt dafür ist u.a. Tomintoul.

Wie Sie auf eindrucksvollen Bildern im Heimatmuseum sehen können, liegt der Schnee hier in manchen Jahren so hoch, dass selbst große Reisebusse völlig unter den Schneemassen verschwinden.

Charakteristisch für das schottische Wetter ist auch seine Unbeständigkeit. Gutes und schlechtes Wetter wechseln sich häufig im Tagesrhythmus, manchmal sogar stundenweise ab. Morgens kann es wie aus Kübeln gießen, so dass man die eigene Hand nicht mehr vor Augen sieht und man schon mit dem Tag abgeschlossen hat. Wenige Zeit später herrscht oft wieder herrliches Wetter und vom strahlend blauen Himmel scheint die Sonne. In Schottland hat man dazu folgenden Spruch: "Wenn Dir das Wetter nicht gefällt, warte eine Minute!"

Auch räumlich schlägt das Wetter Kapriolen. Während es in einem Tal stürmt und regnet, kann es wenige Kilometer weiter schon ganz anders aussehen. Hierzu wird man Ihnen folgenden klugen Rat geben: "Wenn es im Westen regnet, fahre nach Osten. Wenn es im Osten regnet, fahre nach Westen."

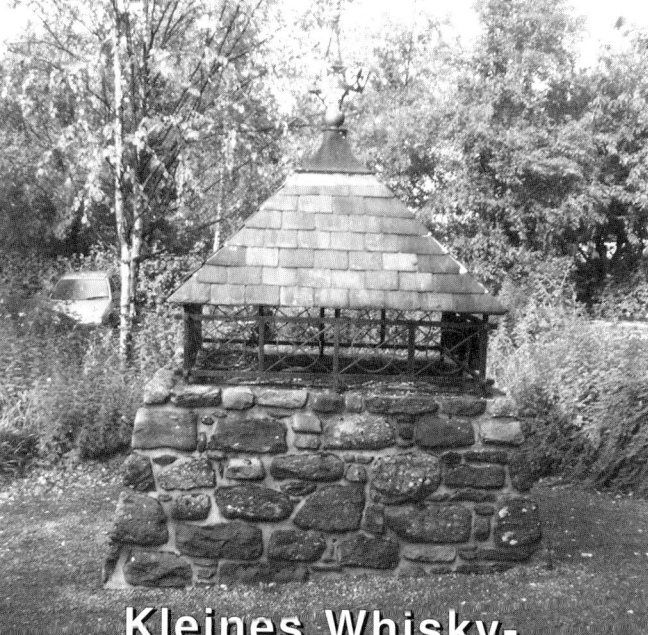

Kleines Whisky-Einmaleins

Quelle der Strathisla Distillery

Allgemeines

Schottland ohne Whisky ist kaum vorstellbar. Das Lebenswasser der Schotten hat eine uralte Tradition. Der Begriff leitet sich aus dem gälischen uisge beatha ab, was soviel wie "Wasser des Lebens" bedeutet. Der erste schriftliche Nachweis stammt schon vom Ende des 15. Jahrhunderts. Dieses Dokument beweist, dass damals die Whiskydestillation bereits in größerem Maßstab durchgeführt wurde. Das Getränk selbst muss daher noch um einiges älter sein.

Bis zum 16. Jahrhundert konnte jeder Schotte seinen Whisky frei brennen. 1579 kam es zu ersten Einschränkungen. Nach einem Gesetz, das sich zum ersten Mal speziell auf das Lebenswasser aqua vitae bezog, war das Destillieren nur noch einer privilegierten Gruppe von Landbesitzern erlaubt.

1644 wurde ein Gesetz erlassen, das zum ersten Mal Whisky und andere alkoholische Getränke mit einer Steuer belegte. Die Steuer wurde im Laufe der Zeit schrittweise erhöht, was zur Folge hatte, dass im ganzen Land massenhaft **Schwarzbrennereien** entstanden. Anfang des 19. Jahrhunderts schätzt man ihre Anzahl auf mehr als 14.000.

Erst mit dem Gesetz von 1823, als man für £ 10 pro Jahr und eine geringe Abgabe für jede Gallone Whisky eine offizielle Lizenz erhielt, nahm der Whiskyschmuggel, worunter man die Eigenproduktion verstand, schlagartig ab. In die Jahre nach der Verkündung des Gesetzes fallen die Gründungen vieler heute noch produzierender Destillerien.

Whisky war zunächst ausschließlich ein Getränk der Schotten. Erst gegen Ende des 19. Jahrhunderts erlangte er Ansehen in der englischen Gesellschaft. Begünstigt wurde seine Verbreitung von einem kleinen Insekt, der **Reblaus** (phylloxera vastatrix), die aus Amerika eingeschleppt wurde. Mit ihrer massenhaften Vermehrung sorgte sie dafür, dass der Weinbau in Frankreich nahezu zum Erliegen kam. Die Engländer, bis dahin gewohnt, französischen Weinbrand zu trinken, waren plötzlich von ihrem Getränk "abgeschnitten" und verlagerten sich auf Whisky, der schnell hoffähig wurde.

Einbrüche in der Whiskyproduktion gab es in der Folgezeit während der Prohibition von 1920 bis 1932 in den USA und vor allem während des Zweiten Weltkrieges, als die Whiskyproduktion drastisch reduziert wurde. Heute existieren in Schottland weit über 100 Brennereien, die neben Blended Whisky auch Single Malt herstellen.

Und noch ein Wort zur Schreibweise: In den USA und in Irland wird "Whiskey" mit "ey" geschrieben, in Schottland nur mit "y" ohne das "e". Wir benutzen hier natürlich die "richtige" Schreibweise "Whisky".

Whiskyregionen

Ähnlich wie Weinbauregionen, deren Weine einen eigenen, spezifischen Charakter besitzen, werden auch in Schottland traditionell verschiedene Whiskyregionen unterschieden. Die Whiskys einer Region haben einen ähnlichen Charakter, zeigen aber dennoch individuell oft große Unterschiede. Trotzdem lassen sich die meisten Whiskys leicht der einen oder anderen Region zuordnen.

Die traditionellen Regionen sind **Islay**, **Lowlands**, **Highlands** - wobei die Region Highlands meist noch in kleinere Regionen unterteilt wird - und **Campbeltown**.

Am leichtesten lassen sich die Sorten von Islay, der südlichsten Insel der Inneren Hebriden erkennen. Sie sind hart und schmecken scharf und torfig. Diese Whiskys scheinen regelrecht im Mund zu explodieren.

Die Whiskysorten aus den **Lowlands** sind wegen der Dreifachdestillation in der Regel leicht und trocken. Außerdem weisen sie innerhalb der Region wenige individuelle Unterschiede auf.

Highland Malts variieren je nach geografischer Lage und finden Anklänge an ihre

Buchtipps

- **Malt Whisky - Der Guide für Kenner und Genießer**, Michael Jackson, Wilhelm Heyne Verlag, 270 S., 1992.
- **Whisky**, Michael Jackson, Hädecke Verlag, 248 S., Großformat.
- **Malt Whisky Guide**, Walter Schobert, Hädecke Verlag, 174 S.
- **Das Whisky-Lexikon**, Walter Schobert, W. Krüger Verlag, 635 S., 1999. Fundiertes Nachschlagewerk über alle Marken, Destillen, Geschichte und Geschichten um die Herstellung von Whisky und Whiskey in aller Welt vom deutschen Whisky-Papst.
- **The Malt Whisky File**, John Lamond & Robin Tucek, Canongate Books, 223 S., als Sonderausgabe vom Kyrburg Whisky Castle auch in deutsch erschienen.
- **The Scotch Whisky Book**, Mark Skipworth, Lomond Books, 156 S..
- **Wallace Milroy's Malt Whisky Almanac**, A Taster's Guide, 1992.

Nachbarregion. Generell lässt sich sagen, dass sie eher zu den süßen Vertretern gehören. So zählen die Malts aus dem Gebiet **Speyside** zu den süßesten Whiskys überhaupt.

Campbeltown im Süden der Halbinsel Kintyre mit heute nur noch zwei Destillerien bringt Sorten hervor, die in Bezug auf die Süße zwischen den süßen Whiskys der Highlands und den trockenen der Lowlands liegen. Charakteristisch für sie ist ein leicht salziger Geschmack.

Whiskysorten

Schottischer Whisky ist einmalig. Dafür sorgt schon ein Gesetz. Als Scotch darf nämlich nur ein Whisky bezeichnet werden, der mindestens drei Jahre in Schottland zur Reife gelagert wurde und einen Alkoholgehalt von mind. 40% aufweist.

Man unterscheidet drei Sorten von Whisky: den nur aus reinem Gerstenmalz hergestellten **Malt Whisky**, den aus verschiedenen Getreidearten produzierten **Grain Whisky** sowie ein Verschnitt aus beiden, den sogenannten **Blend Whisky**.

Die besten und teuersten Whiskys sind die Malts. Zu ihrer Produktion darf nur Wasser, Hefe und Gerste verwendet werden. Etwas Besonderes unter den Malts sind die Single Malts. Ein **Single Malt** ist das Produkt einer einzigen Destillerie. Zwar darf der Whisky ein Gemisch unterschiedlicher Jahrgänge sein, diese dürfen aber nur aus einer Brennerei stammen. Als Alter muss der jüngste verwendete Jahrgang angegeben werden. Wird für eine Mischung z.B. fast ausschließlich 20 Jahre gelagerter Whisky verwendet und diesem nur wenige Tropfen eines achtjährigen beigegeben, dann muss der Whisky mit der Altersangabe acht Jahre verkauft werden.

Die für Single Malts verwendeten Whiskys reifen in der Regel mindestens acht Jahre in Eichenfässern verschiedenster Herkunft, meist aber noch wesentlich länger. Der Alkoholgehalt des abgefüllten Whiskys beträgt zwischen 40 und 43%. Daneben gibt es die unverdünnten Fassabfüllungen (cask strengths) mit einem Alkoholgehalt von 50 bis 60% Alkohol.

Jeder Single Malt hat seinen eigenen, unverwechselbaren Geschmack. Dies liegt an der Zusammensetzung der mehr als 800 unterschiedlichen Substanzen, Aromastoffe und Ester, die während der Herstellung und des Reifeprozesses in den Whisky gelangen.

Zu den Malts gehören auch die **Vatted Malts**. Hierbei handelt es sich um reine Malt Whiskys, die aus einem Gemisch mehrerer Malts verschiedener Destillerien entstehen. Single Malts und Vatted Malts sind beide **Pure Malts**, die als Getreidegrundlage nur gemälzte Gerste haben dürfen.

Grain Whisky wird aus einer Maische verschiedener Getreidearten hergestellt. Dazu gehört neben Gerste auch Weizen oder Mais. So hat z.B. der amerikanische **Bourbon** Mais zur Grundlage.

Im Gegensatz zum Malt wird Grain Whisky nur einmal in einem nach seinem Erfinder genannten Destillierapparat, dem sogenannten coffey still, gebrannt. Enthält ein Malt Whisky nur einen Milliliter Grain, dann muss er als **Blended Whisky** bezeichnet werden. Blended Whisky gibt es in unterschiedlichen Mischungs- und Mengenverhältnissen. Das Verhältnis von Grain zu Malt ist dabei nicht festgelegt und obliegt dem *blender*, der bestrebt ist, eine gleichbleibend gute Qualität zusammenzustellen.

Herstellung von Malt Whisky

Die Produktion eines Malt Whiskys ist ein langwieriger, schwieriger Prozess, der viel handwerkliches Geschick und Erfahrung erfordert. Obwohl sich der

Die Männer der Cardhu Destillerie um die Jahrhundertwende

Produktionsprozess und die Ausgangsstoffe Wasser, Gerste sowie der Rauch von Torf von Destillerie zu Destillerie kaum unterscheiden, kommt am Ende doch ein Getränk heraus, dessen Geschmack für jede Brennerei charakteristisch ist. Sogar innerhalb einzelner Destillerien werden Whiskys mit unterschiedlichen Geschmacksnuancen hergestellt.

Dies liegt im wesentlichen an den Unterschieden im zur Verfügung stehenden Wasser, in der Art und Weise, wie die gekeimte Gerste getrocknet wird, an der Form und Größe der Brennblasen, der Dauer der Fasslagerung sowie dem Material der Fässer. Schon geringste Abweichungen von der Norm in einem der Prozessschritte genügen, um den charakteristischen Geschmack, das Aroma oder die Farbe eines bestimmten Whiskys zu verändern.

Peinlich genau wird darauf geachtet, dass der seit Generationen überlieferte Vorgang exakt eingehalten und möglichst nichts an den Gerätschaften verändert wird. So ist es z.B. bei einigen Herstellern üblich, die Beulen in den Brennblasen weiter zu vererben. Wenn nach einer gewissen Zeit neue Brennblasen nötig werden, werden Sie von vornherein an den gleichen Stellen mit Beulen und Dellen versehen, wie sie die ausrangierten Vorgänger aufweisen.

Ein weiteres Beispiel für die penible Arbeitsweise zeigt die Glenfiddich Distillery in Dufftown. Um eine gleichbleibend hohe Qualität zu garantieren, geht man dort bei der Abfüllung des Whiskys in Flaschen so weit, die leeren Flaschen nicht mit Wasser zu spülen, sondern mit Whisky.

Obwohl die meisten Brennereien sehr viel Wert auf die Kontrolle der Prozesse und die Einhaltung traditioneller Herstellungsverfahren legen, sind fast alle doch dazu übergegangen, bestimmte Schritte im Herstellungsprozess nicht mehr selbst zu erledigen. Nur bei der an der Westküste liegenden Destillerie **Springbank** werden alle Produktionsschritte vom Mälzen bis zur Abfüllung in Flaschen vor Ort erledigt.

Die meisten Brennereien kaufen heute das bereits gemälzte Getreide, so dass u.a. das Trocknen der gekeimten Gerste (Darren) entfällt. Die hierzu benötigten charakteristischen Pagodentürme sind daher meist nur noch Makulatur.

Ähnliches gilt für die Abfüllung des fertigen Produktes in Flaschen. Für diesen letzten Produktionsschritt haben sich einige unabhängige Abfüller etabliert, die für verschiedene Destillerien den Whisky in Flaschen füllen.

Neben Springbank hat nur noch Glenfiddich (☞ Etappe 4) eine eigene Abfüllanlage vor Ort. Während des geführten Rundgangs durch die Destillerie in Dufftown kann man sich sehr gut einen Eindruck von der imposanten Anlage verschaffen. Die Herstellung des Whiskys erfolgt in vier mehr oder weniger getrennten Schritten: dem **Mälzen** der Gerste, dem **Brauen**, dem **Brennen** und der **Reifung**. Innerhalb dieser Prozesse lassen sich noch weitere Teilschritte unterscheiden (Die Ziffern ❶ bis ㉓ finden sich auf den folgenden Seiten wieder).

Mälzen

Das **Mälzen** beginnt mit dem Keimen der Gerste. Nach der Anlieferung des Getreides ❶ wird es in großen Tanks (*steeps*) ❷ mit reinem Quellwasser versetzt. Das angefeuchtete Getreide wird anschließend auf dem Keimboden (*malting floor*) ❸, der die Größe eines Fußballfeldes erreichen kann, zum Keimen ausgelegt. In regelmäßigen Abständen wird die Gerste gewendet, damit alle Körner möglichst gleichmäßig zum Keimen kommen. Während dieses Prozesses wird die im Getreidekorn vorhandene Stärke weitgehend in Zucker umgewandelt, aus dem später bei der Gärung der Alkohol entsteht. Nach etwa zwei bis drei Tagen, wenn der Keim fast die Länge des Kornes erreicht hat, ist die meiste Stärke umgewandelt und der Keimvorgang wird abgebrochen.

Über eine Transportvorrichtung ❹ gelangt die gekeimte Gerste auf den Darrboden ❺, einen Rost, der von unten beheizt wird. Traditionell wird dem Feuer ❻ Torf beigegeben, der dem späteren Whisky je nach Menge des Torfes einen mehr oder weniger torfigen Charakter verleiht. Heiße Luft, Wasserdampf und Rauch entweichen schließlich durch die Öffnungen der typischen, weithin sichtbaren Pagodendächer ❼ der Darre (*malt kiln*).

Die trockene und gemälzte Gerste wird über eine Transportvorrichtung ❽ in große Vorratsbehälter (*malt bins*) ❾ geleitet. Von dort geht es in eine Mühle ❿, wo das Malz zu einem grobkörnigen Malzmehl (*grist*) gemahlen wird. Damit ist der Prozess des Mälzens beendet.

Zu den wenigen Destillerien, die noch selbst mälzen, gehört u.a. **Tamdhu** und die in Dufftown beheimatete **Balvenie Distillery**. Leider kann man beide Anlagen nicht besichtigen.

Die nächsten Schritte der Whiskyproduktion können Sie bei einem geführten Rundgang durch eine der Destillerien, die Besucher empfangen, selbst nachvollziehen. In den Etappenbeschreibungen werden diese mit ihren Öffnungszeiten genannt. Um die Beschreibung etwas plastischer werden zu lassen und sie mit konkreten Zahlen zu versehen, soll sie am Beispiel der in Dufftown ansässigen Destillerie **Glenfiddich** erfolgen. In dem vorbildlichen Besucherzentrum und während der interessanten Führung durch die Produktionsstätten können Sie vor Ort einen Einblick in die Kunst der Whiskyproduktion erhalten.

Wenn Sie die folgende Beschreibung mit dem Produktionsvorgang in einer anderen Destillerie vergleichen, werden Sie manche, wenn auch nur geringfügige Unterschiede erkennen. Neben einer Reihe weiterer Faktoren sind es gerade diese Unterschiede, die für die verschiedenen Geschmacksrichtungen der einzelnen Malts verantwortlich sind.

Brauen

Nach dem Mälzen steht als nächster Schritt das Brauen an. Erster Arbeitsgang ist hier das Maischen. Dazu wird das aus der Malzmühle kommende Schrot über eine Transportvorrichtung ⓫ in einen Vorratsbehälter (*grist hopper*) ⓬ geleitet, von wo aus es in den Maischbottich (*mash tun*) ⓮ gelangt. Dabei wird dem Mehl heißes Wasser ⓭ zugesetzt. Durch die Bewegung großer Rührhaken löst das Wasser den Zucker fast vollständig aus der gemälzten Gerste heraus.

Bei Glenfiddich sind zwei riesige Maischbottiche Tag und Nacht in Betrieb. Je Bottich werden etwa zehn Tonnen Gerstenschrot benötigt. Nach etwa sechs Stunden ist der Malzbrei ausgelaugt und enthält kaum noch Zucker. Dieser zur Whiskyherstellung nicht weiter verwendbare Rest wird an Tierfutterfabriken verkauft und dort zu Tierfutter verarbeitet.

Wasserzulauf in einen Mash tun

Die Zuckerwasserlösung (*wort*) wird abgekühlt und gelangt dann über ein Rohrleitungssystem ⓯ in große, 6 m tiefe Holzbottiche (*wash backs*) ⓰.

KLEINES WHISKY-EINMALEINS

❶ Getreide
❷ Tank (*sleeps*)
❸ Keimboden (*malting floor*)
❹ Transportvorrichtung
❺ Darrboden
❻ Feuer
❼ Pagodendächer (*malt kiln*)
❽ Transportvorrichtung
❾ Vorratsbehälter (*malt bins*)
❿ Mühle
⓫ Transportvorrichtung
⓬ Vorratsbehälter (*grist hopper*)
⓭ Wasser
⓮ Maischbottich (*mash tun*)
⓯ Rohrleitungssystem
⓰ Holzbottiche (*washbacks*)
⓱ Rohre

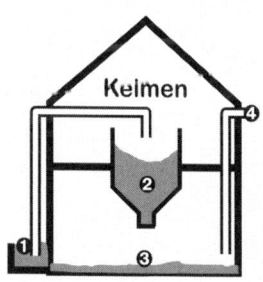

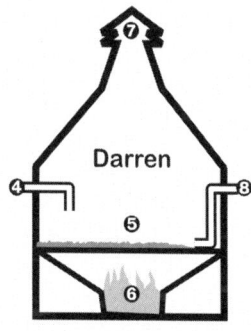

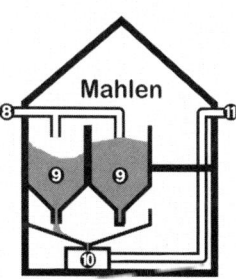

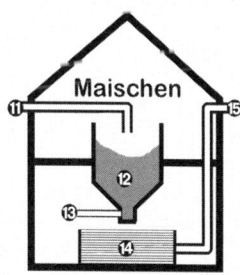

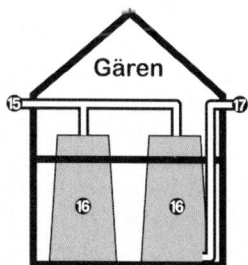

Der Inhalt der Washbacks wird ständig kontrolliert.

Insgesamt stehen von diesen 50.000 Liter fassenden *washbacks* bei Glenfiddich 24 Stück zur Verfügung. Die aus Fichtenholz in Handarbeit gefertigten Fässer haben eine Lebensdauer von ca. 20 Jahren. Das Füllen der Fässer mit der Zuckerwasserlösung dauert etwa drei Stunden. Anschließend wird der Flüssigkeit Hefe zugesetzt. Pro Fass werden 175 kg benötigt. Die Hefe sorgt jetzt dafür, dass der Zucker in Alkohol umgewandelt wird. Der ganze Vorgang ist unter dem Begriff der **alkoholischen Gärung** bekannt.

Wegen der starken Schaumentwicklung während des Gärvorganges werden die wash backs nie ganz gefüllt, weil die Flüssigkeit überlaufen würde. Außerdem sind sie mit Holzdeckeln versehen, unter denen ein langsam laufender Rotor angebracht ist. Der Rotor drückt den entstehenden Schaum immer wieder nieder. Früher musste der Schaum mit Reisigbesen niedergeschlagen werden, woher wohl die Bezeichnung "Schaumschläger" kommt.

Nach etwa zwei bis drei Tagen ist der Gärvorgang beendet. Die Flüssigkeit (*wash*) hat nun einen Alkoholgehalt von ca. 7% und wird über Rohre ❼ den Brennblasen zugeführt.

Brennen

Ein entscheidender Schritt für die spätere Qualität des Whiskys ist die sorgfältige Destillation der alkoholhaltigen Flüssigkeit. Der technische Vorgang der Destillation ist denkbar einfach: In großen Brennblasen (still) ⓭ ㉑ wird die Flüssigkeit erhitzt. Weil Alkohol einen niedrigeren Siedepunkt (etwas unter 80 ºC) als Wasser hat, verdampft aus dem wash in erster Linie Alkohol. Da reiner Alkohol nur nach Alkohol schmeckt, ist es wichtig, dass aus dem wash auch noch andere Stoffe, wie Geschmacksstoffe und schwerere Öle verdampfen, die nachher einen Großteil zum Geschmack des fertigen Produktes beitragen.

Von großer Bedeutung ist daher Form und Größe der aus Kupfer bestehenden Brennblasen. So sollen z.B. lange, schlanke Blasen einen weichen, reinen Alkohol erzeugen, wogegen kurze, gedrungene Brennblasen zu kräftigen, intensiv schmeckenden Malts führen.

Stills in der Glen Grant Distillery

Der aufsteigende Dampf wird anschließend über ein Rohr in die Kondensatoren (*condenser*) ⑲ geleitet, wo er wieder zu einer Flüssigkeit abkühlt und in einen Vorratsbehälter ⑳ und ㉓ gelangt.

Die in der ersten Brennblase (*wash still*) ⑱ destillierte Flüssigkeit (*low wines*) hat einen Alkoholgehalt von etwa 20%. Die anschließende zweite Destillation (*spirit still*) ㉑ bringt es dann auf bis zu 70% Alkohol.

Bei Glenfiddich sind insgesamt 26 *stills* in Betrieb. Im Vergleich zu anderen Destillerien sind sie relativ klein. Die *wash stills* fassen 9.100 Liter, die *spirit stills* mit 4.550 Litern nur die Hälfte. Form und Größe der *stills* werden nicht verändert.

Wenn nach Jahren des Betriebs eine Brennblase ausgewechselt werden muss, weil die Wandstärke der Kupferkessel zu stark abgenommen hat, wird der neue Kessel in gleicher Größe und Form hergestellt. Um das zu gewährleisten, sind bei Glenfiddich eigene Kupferschmiede angestellt.

In Irland und einigen Brennereien der Lowlands wird noch eine dritte Destillation nachgeschaltet. Dies bringt zwar noch reineren Alkohol, hat aber den Nachteil, dass das Destillat viel von seinen Geschmacksstoffen verliert. Die Iren meinen, dass "zweimal Brennen genau einmal zuwenig ist", während die Schotten glauben, dass es bei den Iren "beim zweiten Mal immer noch nicht richtig geklappt hat".

Der Brennmeister (stillman) hat über die gleichmäßige Qualität seines Erzeugnisses zu wachen. Dies ist eine schwierige Aufgabe, die viel Erfahrung und Geschick erfordert. Erschwerend kommt hinzu, dass er mit seinem Produkt nicht

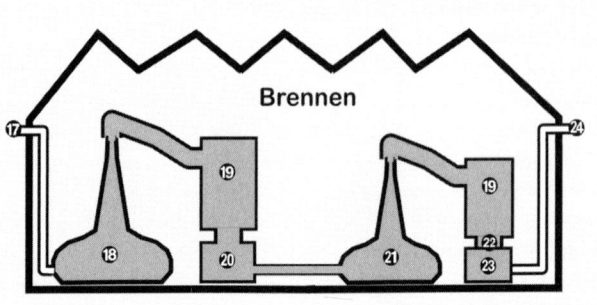

- ⑰ Rohre
- ⑱ Brennblase (*wash still*)
- ⑲ Kondensator (*condenser*)
- ⑳ Vorratsbehälter
- ㉑ Brennblase (*spirit still*)
- ㉒ Glaskasten (*sample safe / spirit safe*)
- ㉓ Vorratsbehälter (*spirit receiver*)
- ㉔ Rohrleitungssystem
- ㉕ Behälter (*spirit vat*)
- ㉖ Fässer
- ㉗ Flaschenabfüllanlage
- ㉘ Kartons

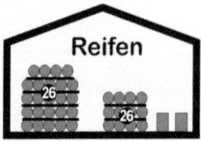

direkt in Berührung kommt. Er kann den Alkohol weder riechen noch schmecken. Um den Brennereien nämlich die Möglichkeit zu nehmen, den Alkohol unversteuert aus der Destillerie zu bringen, befindet dieser sich nach dem Brennen in einem geschlossenen System, das zusätzlich von einem Beamten der Steuerbehörde verplombt und regelmäßig kontrolliert wird.

Beurteilen kann der Brennmeister den Alkohol nur in einem mit Messgeräten, Hebeln, Ventilen und Trichtern ausgestatteten Glaskasten (*sample safe oder spirit safe*) ㉒, in den die von den Brennblasen kommenden Rohre münden. Je nach der Qualität des Destillats lenkt er dies mit Hilfe von Ventilen und Hebeln entweder in einen Vorratsbehälter (*spirit receiver*) ㉓ oder wieder zurück in die Brennblase.

Obwohl der technische Vorgang der Destillation sehr einfach ist, spielt das handwerkliche Geschick des Brennmeisters eine große Rolle, wenn der entstehende Whisky seinen individuellen Geschmack von Brennvorgang zu Brennvorgang beibehalten soll.

So wird z.B. beim zweiten Brennen nur ein Teil des entstandenen Destillats verwendet. Der erste Teil, der sogenannte Vorlauf, der den gefährlichen Methylalkohol enthalten kann, wird verworfen. Ebenso der Nachlauf, der unter Umständen Fuselöle enthält, die für Kopfschmerzen verantwortlich sind. Vor- und Nachlauf werden über Rohre wieder den Brennblasen zugeführt. Verwendet wird nur der mittlere Teil, das Herzstück (*middle cut*), der dann dem Vorratsbehälter zugeführt wird. Das Abpassen des Endes des Vorlaufs sowie des Anfangs des Nachlaufs ist eine der wesentlichen Aufgaben der Brennmeister. Hier entscheidet sich, ob aus dem Whisky nach der Reifung ein sehr guter werden kann

Reifung

Das Abfüllen des aus den Brennblasen stammenden, wasserklaren Whiskys ist der erste Schritt bei der Reifung zum trinkfertigen Endprodukt. Kleinere Destillerien füllen den Whisky, der über ein Rohrleitungssystem ㉔ aus den *spirit receivern* kommt, direkt in die Fässer.

Große Brennereien sammeln das Destillat aus mehreren Produktionsläufen zunächst in einem großen Behälter (*spirit vat*) ㉕. Hier gleichen sich kleinste Geschmacksabweichungen der einzelnen Produktionsläufe durch Vermischen wieder aus. Anschließend wird der Whisky in Fässer ㉖ gefüllt, wobei in der Regel drei unterschiedliche Größen Verwendung finden: 500 Liter (*butt*), 250 Liter (*hogshead*) und 158 Liter (*barrel*).

Gelagerte Eichenfässer in der Glenlivet Distillery

Neben dem Brennen ist die Reifung des Whiskys von entscheidender Bedeutung. Dabei spielen im wesentlichen drei Faktoren eine Rolle: **Dauer der Lagerung, Art der Fässer** und **Ort des Lagers**.

Laut Gesetz darf schottischer Whisky nicht weniger als drei Jahre reifen. Dieser sehr junge Whisky kommt aber nicht als Single Malt auf den Markt. Er wird nur zum Verschneiden der Blended Whiskys verwendet.

Single Malts reifen in der Regel mindestens acht Jahre, viele zwischen 12 und 18 Jahre und einige sogar noch länger. Während dieser Zeit nimmt der Whisky aus den Fässern Aroma- und Geschmacksstoffe auf und erhält seine charakteristische Färbung.

Für die Fässer wird in der Regel atmungsaktives Eichenholz verwendet. Alle Fässer sind vorher bereits benutzt worden. In der Anfangszeit der Whiskyherstellung war man bei der Auswahl der Fässer nicht sehr wählerisch und so konnte es durchaus vorkommen, dass der Whisky in ehemaligen Heringsfässern aufbewahrt wurde.

Heute werden nur noch Fässer verwendet, in denen zuvor auch alkoholische Getränke gelagert wurden, wie z.B. amerikanischer Bourbon-Whiskey, spanischer Sherry oder portugiesischer Portwein.

Je länger ein Whisky lagert, desto mehr Geschmacks- und Aromastoffe nimmt er aus der Fasswand auf und ändert dementsprechend seinen Charakter. Außerdem verdunstet ein Teil des Alkohols durch die atmungsaktiven Fasswände, so dass der Alkoholgehalt im Laufe der Reifung immer geringer wird. Jährlich gehen so bis etwa 2% des Alkohols verloren, was die Schotten als angles share (Engels Anteil, womit aber leider nicht der Anteil des Autors gemeint ist) bezeichnen.

Obwohl der länger gelagerte Whisky mehr Geschmacksstoffe hat als ein kürzer gelagerter, muss er nicht automatisch besser sein. Dies hängt ganz allein vom individuellen Geschmack des Konsumenten ab. Sicher ist nur, dass der ältere Whisky teurer ist.

Wichtig für den späteren Charakter des Whiskys ist auch der Ort der Lagerung. Da die Wände der Fässer atmungsaktiv sind und somit auch Umwelteinflüsse von außen nach innen dringen können, wird das gleiche Fass Whisky, das auf den vom Seeklima beeinflussten Inseln gelagert wird, anders schmecken als eines, das in den Highlands oder Lowlands gelagert wird.

Da die Reifezeit des Whiskys relativ lang ist, kann man sich leicht vorstellen, dass große Lagerkapazitäten vorhanden sein müssen. Glenfiddich z.B. hat 40 riesige Lagerhäuser (*warehouse*), in denen zur Zeit etwa 46.000 Fässer einlagern, die bis zu einer Höhe von 11 Fässern gestapelt sind.

Während der Reifezeit erhält der Inhalt jedes einzelnen Fasses seine individuelle Geschmacksnote - deshalb bieten einige Brennereien sog. Fassabfüllungen an. Hier wird der Whisky eines einzigen Fasses auf Flaschen gezogen und in den Handel gebracht. Diese streng limitierten "Auflagen" mit nummerierten Flaschen finden bei Liebhabern besondere Beachtung.

In der Regel wird der Whisky jedoch aus mehreren Fässern, die zum Teil auch unterschiedlich lange gelagert wurden, zusammengestellt. Hier ist es Aufgabe des *noisers*, aus den verschiedenen Grundsorten einen über Jahre oder sogar Jahrzehnte immer wieder gleichbleibenden Single Malt zu komponieren. Der *noiser*, einer der wichtigsten Mitarbeiter der Destillerie, erkennt dabei nur anhand des Geruches, ob ein Whisky reif ist und welche Fässer in welcher Menge miteinander gemischt werden können. Diese sogenannte Vermählung liefert dann erst das fertige Endprodukt, wobei bei einem Single Malt nur Malts aus einer einzigen Destillerie verwendet werden dürfen.

Bei Glenfiddich werden z.B. drei in unterschiedlichen Fässern gelagerte 12 bzw. acht Jahre alte Whiskys miteinander vermählt. Auch diese Vermählung ist noch ein langwieriger Prozess. Die Grundsorten werden nicht einfach zusammengekippt und dann abgefüllt, sondern vorsichtig in großen Holzbottichen, den sogenannten Vermählungstanks, noch einmal vier bis acht Monate gelagert. Erst dann erfolgt die Abfüllung in Flaschen.

Die meisten Destillerien füllen den fertigen Whisky nicht mehr selbst in Flaschen. Sie bringen ihre Mischungen zu den großen Abfüllern nach Edinburgh, Glasgow oder Perth. Nur **Glenfiddich** und **Springbank** haben die großen Investitionen in eine moderne Flaschenabfüllanlage ❷ getätigt. Damit können sie den Produktionsprozess auch an seiner letzten Stufe noch kontrollieren.

Vor der Abfüllung wird der Whisky mit Quellwasser auf Trinkstärke verdünnt - aus Steuergründen für den britischen Markt auf 40% und für den Export auf zur Zeit noch 43%. Dies wird sich nach Angleichung der Steuersätze in der EU in den nächsten Jahren aber ändern. Einige Destillerien bieten den Whisky auch in Fassstärke (*cask strength*) an. Je nach Lagerdauer haben diese Single Malts dann einen Alkoholgehalt zwischen 50 und 60%.

Mit der Verpackung der Flaschen in Kartons ❷ und der Auslieferung an den Handel endet der langwierige Prozess der Herstellung von Single Malt Whisky. Der fertige, vor Jahren oder sogar Jahrzehnten gebrannte Whisky wartet nun darauf, getrunken zu werden.

Die Mannschaft der William Grant's Destillerie 1896

Reise-Infos von A bis Z

Privates Castle

Adressen

Auf den folgenden Seiten werden einige wichtige Anschriften genannt. Die Adressen der Touristikbüros finden Sie unter dem Kapitel ☞ Information.

Verkehr

- **BritRail**, Sutton House, 158 Victoria Street, London SW1E 5LB, www.britrail.com
- **Scotrail**, Caledonian Chambers, 87 Union Street, Glasgow G1 3TA, ☏ 0845/6015929, www.firstscotrail.com

Nach der Liberalisierung auch im Bahnmarkt gibt es inzwischen insgesamt 25 verschiedene Eisenbahngesellschaften in Großbritannien, darunter die erst vor wenigen Jahren gegründete...

- **GNER** (Great North Eastern Railway), die u.a. die Strecke zwischen Edinburgh über Aviemore bis Inverness bedient, ☏ 08457/225333, www.gner.co.uk

Einen Überblick über alle Bahngesellschaften erhalten Sie unter: www.chester-le-track.co.uk

Fähren zu den schottischen Inseln:
- **Caledonian MacBrayne**, The Ferry Terminal, Gourock PA19 1QP, ☏ 01475/650100, FAX 01475/637607, www.calmac.co.uk

Überregionale Busverbindungen innerhalb Schottlands:
- Scottish Citylink Coaches, Buchanan Bus Station, Killermont Street, Glasgow G2 3NP, ☏ 08705/505050, www.citylink.co.uk
- Postbus: Royal Mail Scotland, 102 Westport, Edinburgh EH3 9HS, ☏ 0131/2287407

Umwelt- und Naturschutz, Kultur

Für die Einrichtung und administrativen Angelegenheiten von Naturschutzgebieten ist die staatliche Umweltbehörde **Scottish Natural Heritage** verantwortlich, die 1992 gegründet wurde.

- **Scottish Natural Heritage**, 12 Hope Terrace, Edinburgh EH9 2AS, ☎ 0131/4474784, FAX 0131/4462277, 🖥 www.snh.org.uk

Der **National Trust for Scotland** betreut über 100 historische Plätze und Gebiete wie Burgen, Schlösser, Gärten, Naturschutzgebiete und sogar Berge. Gegen einen relativ geringen Jahresbeitrag kann man Mitglied werden. Im Gegenzug erhält man vergünstigte Eintrittskarten und Informationsmaterial.

- **The National Trust for Scotland**, 28 Charlotte Square, Edinburgh EH2 4ET, ☎ 0131/2439300, FAX 0131/2439301, 🖥 www.nts.org.uk, ✉ information@nts.ord.uk

Der Organisation **Scottish Wildlife Trust** gehört eine Reihe von Naturschutzgebieten, zu denen sie Informationsmaterial herausgibt. Zu den Gebieten gehört auch das Spey Bay Nature Reserve am Beginn des Speyside Way.

- **Scottish Wildlife Trust**, Cramond House, Cramond Glebe Rd, Edinburgh EH4 6NS, ☎ 0131/3127765, FAX 0131/3128705, 🖥 www.swt.org.uk

Die **Forestry Commission** ist für die staatlichen Wälder zuständig. Sie ist u.a. verantwortlich für eine Reihe von Einrichtungen wie z.B. Wanderwege, Mountainbike Trails oder Rastplätze.

- **Forestry Commission**, 231 Corstorphine Road, Edinburgh EH12 7AT, ☎ 0131/3340303

Wenn Sie in Schottland wandern, werden Sie mit ziemlicher Sicherheit auf eines der Schutzgebiete treffen, die der **Royal Society for the Protection of Birds (RSPB)** gehören.

Die Gesellschaft gibt Informationsmaterial heraus und hat in den meisten Schutzgebieten Stellen zum Beobachten von Vögeln eingerichtet.

- **RSPB**, Etive House, Beechwood Park, Inverness, IV2 3BW, ☎ 01463/71500, FAX 01463/715000, 🖥 www.rspb.co.uk

Von der **Royal Scottish Forestry Society** können Sie regional gegliederte Listen von privaten Wäldern erhalten, die der Öffentlichkeit zugänglich sind.

- **Royal Scottish Forestry Society**, 62 Queen Street, Edinburgh EH2 4NA, ☎ 0131/2258142

Wandern

Wandern, Bergwandern oder Bergsteigen gehören zu den beliebtesten Freizeitbeschäftigungen in Schottland. So ist es auch nicht weiter verwunderlich, dass eine Reihe von Organisationen entstanden sind, die sich diesen Tätigkeiten widmen.

Der **Mountaineering Council of Scotland** und die **Rambler's Association for Scotland** sind Dachorganisationen, die verschiedene Institutionen unter sich vereinigen, die sich mit Wandern und Bergsteigen befassen. So werden von den Unterorganisationen z.B. neue Wanderwege angelegt oder bestehende unterhalten oder geführte Wanderungen/Bergbesteigungen angeboten.

- **Mountaineering Council of Scotland**, 4a St. Catherine's Road, Perth, PH1 5SE, ☎ 01738/638227, FAX 01738/442095, 💻 www.mountaineering-scotland.org.uk
- **Rambler's Assoc. for Scotland**, 3 Coats Place, Dundonald, Kilmarnock KA2 9DJ, 💻 www.ramblers.org.uk/scotland/

Eine besondere Rolle spielt die **Scottish Rights of Way Society**, die seit mehr als 100 Jahren über das Wegerecht wacht und entsprechende Informationen herausgibt.

In Schottland gilt ein besonderes Wegerecht, das sich von allen anderen Ländern, auch England und Wales, unterscheidet. Es besteht auf der Route zwischen zwei öffentlichen Plätzen ein allgemeines Wegerecht, wenn diese Strecke mind. 20 Jahre lang regelmäßig benutzt wurde. Wird der Weg längere Zeit nicht mehr benutzt, dann erlischt das Recht wieder.

- **Scottish Rights of Way Society**, 24 Annandale Street, Edinburgh, EH7 4AN, ☎ 0131/5581222, 💻 www.scotways.com

Anreise

Die schnellste und unter Umständen preiswerteste Anreisemöglichkeit in die Region um den River Spey ist der Flug nach **Inverness** oder **Aberdeen**. Nach Aberdeen gibt es derzeit Direktflüge von Holland, Frankreich und Dänemark. Wer nach Inverness fliegen möchte oder von einem deutschen Airport starten will, muss in London oder einem anderen britischen Flughafen umsteigen. In der folgenden Liste sind einige Möglichkeiten für Direktflüge vom Kontinent nach Aberdeen aufgezeigt:

Nach Aberdeen von	mit	
Amsterdam	KLM Royal Dutch Airlines	www.klm.com
Groningen	BMI British Midland	www.flybmi.com
Paris	Airfrance	www.airfrance.com
Copenhagen	SAS	www.scandinavian.net
Esbjerg	BMI British Midland	www.flybmi.com

Inverness und/oder Aberdeen sind mit zahlreichen britischen Flughäfen über tägliche Linienflüge verbunden. In der folgenden Liste sind einige Verbindungen für Airports angegeben, die auch mit deutschen Flughäfen regelmäßige Verbindungen haben.

Nach Aberdeen von	mit	
London Gatwick	British Airways	www.ba.com
London Heathrow	BMI British Midland	www.flybmi.com
London Luton	easyjet	www.easyjet.com
Newcastle	Eastern Airways	www.easternairways.com

Nach Inverness von	mit	
London Heathrow	BMI British Midland	www.flybmi.com
London Gatwick	British Airways	www.ba.com
London Gatwick	Easyjet	www.easyjet.com
London Luton	Easyjet	www.easyjet.com
Edinburgh	British Airways	www.ba.com

Die britischen Airports erreichen Sie vom Kontinent aus mit zahlreichen Fluggesellschaften, wie z.B.

Lufthansa	www.lufthansa.de
British Airways	www.ba.com
easyjet	www.easyjet.com

Ryanair	www.ryanair.de
Air Berlin	www.airberlin.com
Hapag-Lloyd Express	www.hlx.com
Germanwings	www.24.germanwings.com

Da sich Flugpläne, -routen und -preise ständig ändern, sollten Sie sich vor Antritt der Reise in Ihrem Reisebüro oder im Internet nach den günstigsten Möglichkeiten erkundigen.

> Achten Sie bei den Angeboten darauf, ob im Flugpreis Sicherheitsgebühren und Flughafensteuer enthalten sind. Diese beiden Posten können bei besonders günstigen Angeboten den tatsächlich zu zahlenden Preis mehr als verdoppeln.

Die Wanderregion liegt ziemlich genau in der Mitte zwischen Aberdeen und Inverness. Daher ist es zunächst einmal egal, welchen Flughafen Sie anfliegen. Von beiden Städten aus erreichen Sie gleich gut den Speyside Way.

Aberdeen als drittgrößte Stadt Schottlands hat den Vorteil, dass es sehr viel häufiger angeflogen wird. Für Inverness spricht der kleine, gemütliche Provinzflughafen, der einem fast schon das Gefühl vermittelt, am Ende der Welt gelandet zu sein. Hier kommen Sie ohne die sonst übliche Hektik durch die obligatorischen Kontrollen.

Beide Städte sind sowohl durch eine Bus- als auch eine Bahnlinie direkt miteinander verbunden. Der Zug ist zwar deutlich schneller, bringt Sie aber nur bis Keith oder Elgin, von wo aus Sie dann mit dem Bus weiter fahren müssen, um an den Speyside Way zu gelangen. Einzelheiten ☞ Reise-Infos von A bis Z, Nahverkehr.

Um mit dem **Pkw** nach Schottland zu kommen, müssen Sie zunächst Kanal oder Nordsee überqueren. Dazu stehen Ihnen eine Vielzahl von **Fährverbindungen** und der **Eurotunnel** zur Verfügung. Die Häfen auf der Kontinentseite erstrecken sich in einer langen Kette entlang der französischen, belgischen und holländischen Küste. Gegenüber liegen die britischen Häfen. Die kürzesten und schnellsten Verbindungen bestehen nach Südengland. Hier gibt es schnelle

Fähren, die nur wenig mehr als eine halbe Stunde für die Überfahrt benötigen. Allerdings sollte man bedenken, dass man von hier noch eine sehr lange Fahrt bis Schottland vor sich hat.

> Besonders während der Ferienzeit ist rechtzeitiges Reservieren unbedingt erforderlich.

Günstiger sind die täglichen Verbindungen von Zeebrügge oder Rotterdam mit **P&O North Sea Ferries** nach Hull, das schon auf halbem Weg nach Schottland liegt. Seit einigen Jahren gibt es eine Verbindung der **DFDS Seaways** zwischen Ijmuiden bei Amsterdam nach Newcastle. Diese inzwischen sehr beliebte Route bringt Sie Schottland schon sehr nahe. Von Newcastle bis Buckie sind es aber immer noch etwa 500 km. Je nach Fahrweise müssen Sie mit 6 Stunden und mehr Fahrzeit rechnen. Dem Ziel noch näher kommen Sie vom belgischen Zeebrügge aus mit **Superfast Ferries** nach Rosyth, einem kleinen Fährhafen nur wenige Kilometer nördlich von Edinburgh. Von hier sind es nur noch etwa 250 km bis Buckie, eine Strecke, die Sie gut in etwa 3 Stunden zurück legen können.

P&O North Sea Ferries	www.ponsf.com
DFDS Seaways	www.dfdsseaways.de
Superfast Ferries	www.superfast.com

Die Anreise mit der **Bahn** erfolgt über London, wo Aberdeen und Inverness direkt angebunden sind. Je nach Startbahnhof müssen Sie aber mit bis zu 33 Stunden Fahrzeit rechnen. Ähnlich wie die Deutsche Bundesbahn hat British Rail bzw. Scot Rail ein kompliziertes Tarifgefüge mit einer Reihe von Ermäßigungen, für die unterschiedliche Voraussetzungen Bedingung sind. Erkundigen Sie sich vor der Fahrt nach dem für Sie günstigsten Preis.

Sowohl Inverness als auch Aberdeen können Sie von zahlreichen deutschen Städten (z.B. Köln, Düsseldorf, Dortmund, Osnabrück, Frankfurt) mit **Bussen** der **Deutschen Touring** erreichen. Die Fahrt ist preiswert, dauert aber sehr lange. Ein Jugendlicher unter 26 Jahren zahlt z.B. auf der Route Frankfurt - Inverness für Hin- und Rückfahrt nur etwa € 180. Ein Erwachsener etwa € 200. Je nach Fahrtrichtung dauert die Tour zwischen 32 und 44 Stunden.

Deutsche Touring   www.deutsche-touring.de

Ausrüstung

Die Zusammenstellung Ihrer Ausrüstung hängt natürlich in ganz entscheidendem Maß davon ab, wie Sie die Wanderung gestalten wollen. Wenn Sie zelten möchten, benötigen Sie andere Ausrüstungsgegenstände als bei Übernachtungen im Hotel oder Gästezimmer.

Ebenso werden Sie sich im Winter anders ausrüsten müssen als im Sommer oder Herbst. Daher sollen nur einige allgemeine Hinweise gegeben werden.

📖 **Wildniswandern** - Planen - Ausrüsten - Durchführen von Reinhard Kummer, OutdoorHandbuch Basiswissen für draußen (Band 7), Conrad Stein Verlag, ISBN 3-89392-307-1, € 6,90

Kleidung
- ☐ eingelaufene Wanderstiefel mit kräftigem Profil
- ☐ Wandersocken oder -strümpfe aus Wolle
- ☐ Unterwäsche
- ☐ bequeme Hose
- ☐ wind- und regendichte Jacke
- ☐ Pullover
- ☐ Regenschutz
- ☐ Trainingsanzug
- ☐ Sportschuhe

Grundausrüstung
- ☐ Rucksack
- ☐ dieses Buch, eventuell anderes Kartenmaterial
- ☐ Kompass
- ☐ eventuell Höhenmesser
- ☐ Taschenmesser
- ☐ Taschenlampe
- ☐ Nähzeug
- ☐ Erste-Hilfe-Set sowie das **Erste-Hilfe-Buch** von Martin Schepers, Conrad Stein Verlag, ISBN 3-89392-139-7, € 7,90
- ☐ Trinkflasche
- ☐ Insekten- und Sonnenschutzmittel

Country Code

Jeder Wanderer, der sich in der Landschaft bewegt, verändert sie dabei, ob er will oder nicht. Und sei es nur, und das ist der Idealfall, durch seine Fußabdrücke.

Viele Menschen hinterlassen leider aber weitaus mehr als nur ihre Fußabdrücke. Um diesen eine kleine Hilfestellung an die Hand zu geben, wie man sich zu verhalten hat, wurden einige Regeln, der sogenannte Country Code, aufgestellt. Jeder, der sich an diese wenigen Grundregeln hält, kann sicher sein, dass der Schaden, den er anrichtet, gering ist.

▷ Entzünden Sie kein Feuer! Wenn Sie aus irgendeinem Grund dennoch Feuer machen müssen, seien Sie äußerst vorsichtig! Entzünden Sie das Feuer nicht direkt im Gras, benutzen Sie Steine oder nackte Erde als Untergrund. Besonders in Moorgebieten besteht die Gefahr, dass sich das Feuer unterhalb der Bodenoberfläche durch den Torf weiterfrisst und erst nach Tagen richtig ausbricht und wochenlang weiterbrennt.
▷ Brechen Sie keine Zweige oder Äste von lebenden Bäumen oder Sträuchern ab! Verlassen Sie den Feuerplatz erst, wenn Sie absolut sicher sind, dass das Feuer vollkommen erloschen ist. Beseitigen Sie alle Spuren des Feuers!
▷ Schließen Sie alle Tore und Gatter, wenn sie geschlossen waren - bereits offene lassen Sie am besten offen!
▷ Benutzen Sie Tore und Stiegen, um über Zäune, Hecken und Wälle zu gelangen!
▷ Bleiben Sie auf den ausgetretenen Pfaden, kürzen Sie keine Ecken ab!
▷ Lassen Sie keinen Müll zurück!
▷ Verschmutzen Sie kein Wasser! Ein großer Teil des Speyside Way führt durch Gebiete, in denen Trinkwasser gewonnen wird. Zum Teil werden einzelne Häuser direkt von Gebirgsbächen mit Trinkwasser versorgt. Für die Bewohner ist es mehr als unangenehm, wenn in ihrem Trinkwasserreservoir plötzlich Müllreste oder sogar Fäkalien schwimmen.
▷ Schützen Sie die wildlebenden Tiere und Pflanzen! Pflücken Sie keine Blumen, beschädigen Sie keine Bäume und stören Sie möglichst keine Tiere!
▷ Machen Sie keinen unnötigen Lärm!

Countryside Ranger

Entlang des Speyside Way sowie in anderen Gebieten Schottlands arbeiten Aufseher, die sogenannten Countryside Ranger, die unter anderem für den Naturschutz in dem Gebiet zuständig sind. Sie tragen auch dafür Sorge, dass der Weg in Ordnung gehalten und gegebenenfalls wieder instand gesetzt wird.

☺ Vom Ranger Service wird ein jährlich aktualisiertes Faltblatt mit einer Übersichtskarte des Weges, Unterkunftsnachweisen und weiteren hilfreichen Informationen herausgegeben.

Die freundlichen Ranger geben gern und bereitwillig Auskunft und leisten Ihnen Hilfe. Erreichen können Sie die Ranger in ihrem neuen, erst im Juni 2005 eröffneten Hauptquartier in Aberlour im ehemaligen Bahnhofsgebäude. Dort können Sie sich sieben Tage in der Woche von 10 bis 17 Uhr in einer Ausstellung über Natur und Geschichte der Landschaft entlang des River Spey informieren. Das Gebäude ersetzt das ehemalige Hauptquartier in Craigellachie, dass im Laufe der Zeit zu klein geworden war.

- The Speyside Way Ranger Service, Old Station Building, Aberlour, Banffshire AB38 9QP, ☎ 01340/881266,
  🖥 www.moray.org/area/speyway/webpages/

Diplomatische Vertretungen

... in Schottland

- **Deutsches Generalkonsulat**, 16 Eglinton Crescent, Edinburgh EH12 5DG, ☎ 0131/3372323
- **Österreichisches Honorarkonsulat**, 33 Charlotte Square, Edinburgh EH2, ☎ 0131/2251516
- **Schweizerisches Konsulat**, 6 Moston Terrace, Edinburgh EH6, ☎ 0131/6672386

Schottland wird in Deutschland, Österreich und der Schweiz von den **Vertretungen Großbritanniens** repräsentiert.

... in Deutschland

- Britische Botschaft, Unter den Linden 32/34, 10117 Berlin, ☎ 030/201840, FAX 030/20184159, 🖥 www.britischebotschaft.de

... in der Schweiz

- Britische Botschaft, Thunstr. 50, 3000 Bern 15, ☎ 031/3525021, FAX 031/3520583

... in Österreich

- Britische Botschaft, Jaurèsgasse 12, 1030 Wien, ☎ 01/7146117

Einreise

Zur Einreise für Bürger der EU und Schweizer genügt ein gültiger **Personalausweis** oder **Reisepass**. Ein Visum ist nicht erforderlich.

Wenn Sie mit dem eigenen Kfz einreisen, benötigen Sie die **Grüne Versicherungskarte** und den **Kfz-Schein**. Da die Haftpflichtversicherung in Großbritannien in der Regel nur Personenschäden abdeckt, Sachschäden jedoch nicht, empfiehlt es sich für die Dauer des Aufenthalts zu Hause eine **Kaskoversicherung** abzuschließen.

Elektrizität

In Schottland ist die elektrische Spannung mit 240 V geringfügig höher als in Deutschland. Erfahrungsgemäß gibt es aber keine Schwierigkeiten beim Betrieb der auf deutsche Verhältnisse eingestellten Geräte.

☺ Allerdings sind die Stecker mit drei Polen ausgestattet, so dass die auf dem Kontinent gebräuchlichen Stecker nicht passen. Besorgen Sie sich vor Antritt der Reise in einem Elektrofachgeschäft einen entsprechenden Adapter.

In den meisten Badezimmern finden Sie zweipolige Steckedosen, die allerdings nur für Rasierapparate gedacht sind.

Geld

Reisende, die nach Großbritannien fahren, sind oft über die Vielzahl unterschiedlicher Banknoten und Münzen überrascht, die im Umlauf sind. Dies liegt daran, dass sowohl in England als auch in Schottland, Nordirland und auf den Kanalinseln eigene Noten gedruckt werden. Darüber hinaus geben sogar die großen Banken noch eigene Noten heraus. Mit allen diesen Scheinen kann in Schottland und ganz Großbritannien bezahlt werden. In einigen besonders patriotischen Haushalten werden englische Noten aber nicht unbedingt gern gesehen. Sie können hier etwas für Ihr Image tun, wenn Sie zum Begleichen der Rechnung Noten der schottischen Banken benutzen. Das gleiche gilt für schottische Noten, die manchmal in England für Verdruss sorgen.

Schottische **Banknoten** gibt es in Werten von £ 1, 5, 10, 20 und 100. Seit der Einführung der £-1-Münze gibt die Bank von England keine £-1-Noten mehr heraus. Statt der schottischen £-100-Noten gibt es in England £-50-Noten.

Die **Wechselkurse** innerhalb Großbritanniens sind festgeschrieben. Der Kurs zum Euro und anderen ausländischen Währungen ist Schwankungen unterworfen, wobei die Schwankungsbreite relativ gering ist. Er liegt jetzt (Stand Nov. 2005) bei etwa € 1,48. Nach dem aktuellen Wechselkurs sollten Sie sich bei einer Bank erkundigen.

Die gängigen **Kreditkarten** werden nur in den Städten oder größeren Hotels akzeptiert. Viele Privatvermieter nehmen auch Euro an.

Geldautomaten sind weit verbreitet. Hier können Sie Tag und Nacht Geld abheben. Allerdings sind die Gebühren bei vielen Banken relativ hoch.

Wechseln können Sie natürlich in den Banken, aber auch in vielen Reisebüros, Hotels und Wechselstuben. Den günstigsten Kurs erhalten Sie jedoch bei den Banken. Besonders Wechselstuben berechnen oft hohe Bearbeitungsgebühren.

Haustiere

Viele Touristen möchten auf die Wanderung entlang des Speyside Way ihren **Hund** mitnehmen. Obwohl sich der Weg dazu auch anbietet, ist dieser Wunsch aber kaum durchzuführen. Die Einfuhr von Tieren unterliegt sehr strengen Bestimmungen. Hunde und andere Haustiere müssen z.B. in Quarantäne. Für einen kurzen Besuch lohnt sich dieser Aufwand sicher nicht.

✋ Zuwiderhandlungen werden hart bestraft und illegal eingeführte Tiere in der Regel eingeschläfert.

Information

In Schottland gibt es ein weitverzweigtes Netz überregionaler und örtlicher **Touristenbüros**. Während die örtlichen in der Regel nicht das ganze Jahr über besetzt sind, haben die überregionalen ganzjährig geöffnet. Bei den Touristenbüros, die das ganze Jahr über geöffnet haben, wurde dies extra vermerkt. Für Touristenbüros, die direkt am Speyside Way liegen, werden am Ende der jeweiligen Etappenbeschreibung die Öffnungszeiten angegeben.

Die für die Region Speyside relevanten ❶ sind:
- **Aberdeen**, 27 Albyn Place, ☏ 01224/632727, FAX 01224/581367,
  🖳 www.agtb.org
- **Dufftown**, Clock Tower, The Square, ☏ 01340/820501
- **Elgin**, 17 High Street, ☏ 01343/542666 und ☏ 542666, FAX 01343/552982, ganzjährig
- **Forres**, 110 High Street, ☏ 01309/672938
- **Inverness**, Castle Wynd, ☏ 01463/234353, FAX 710609, ganzjährig
- **Tomintoul**, The Square, ☏ 01807/580285

Für die **Grampian Highlands** ist folgendes Büro zuständig:
- **Grampian Highlands and Aberdeen Tourist Board**, 26/28 Exchange Street, Aberdeen AB11 6 PH, ☏ 01224/288828, FAX 01224/288828

Beim **Scottish Tourist Board (STB)** bearbeitet man nur schriftliche oder telefonische Anfragen.
- **Scottish Tourist Board**, Central Information Department, 23 Ravelston Terrace, Edinburgh EH4 3EU, ☏ 0131/3322433, FAX 0131/4592434,
  🖳 www.visitscotland.com

Gut ausgestattet mit Informationsmaterial auch in deutscher Sprache über Schottland ist die jeweilige **Britische Zentrale für Fremdenverkehr** in folgenden Ländern:

Deutschland und **Österreich**

♦ **British Tourist Authority**, Westendstr. 16-22, 60325 Frankfurt/Main, ☏ 069/971123, FAX 069/97112444, 🖥 www.visitbritain.com

Schweiz

♦ **British Tourist Authority**, Limmatquai 78, 8001 Zürich, ☏ 01/2614277, FAX 01/2514456

Detaillierte und aktuelle Informationen, wie z.B. zu zeitweisen Sperrungen einzelner Wegabschnitte erhalten Sie auf den offiziellen Seiten zum Speyside Way im Internet unter: 🖥 www.moray.org/area/speyway/webpages/.

Jagdsaison

Zu bestimmten Zeiten werden in einigen Gebieten entlang des Speyside Way Hirsche sowie Moorschneehühner gejagt. Dies betrifft vor allem das Gebiet des Crown Estate Glenlivet, durch das der Weg während der letzten beiden Etappen verläuft.

Die Jagd auf Hirsche erfolgt von Ende April bis zum 12. August und nochmals vom 1. bis zum 21. Oktober. Nachts, zwischen 20:00 und 8:00 morgens, sind während dieser Jahreszeit manche Gebiete nicht zugänglich. In der Regel werden Sie durch Informationstafeln an den Zugängen darauf aufmerksam gemacht. Sie sollten sich an die Verbote halten, denn schon so mancher Jäger hat einen Hirsch mit einem aufrechten Wandersmann verwechselt. Entsprechendes gilt für die Jagd auf Schneehühner, die von Mitte August bis zum frühen Oktober stattfindet.

Karten

Die häufigen militärischen Spannungen haben dafür gesorgt, dass Schottland kartographisch sehr gut erschlossen ist. Das Vermessungswesen, zunächst für militärische Zwecke eingerichtet, hat eine lange Tradition. Auch die Bezeichnung

Ordnance Survey (O.S.) für das heutige Vermessungsamt ist militärischen Ursprungs (*Ordnance* = *Artillerie*).

Zur Orientierung entlang des gut markierten Speyside Way reichen die Karten in diesem Buch völlig aus. Wer darüber hinaus andere Karten benutzen möchte, dem seien die **Blätter des Vermessungsamtes der Landranger-Serie** im Maßstab 1:50.000 empfohlen. Für den gesamten Speyside Way benötigen Sie zwei Karten (Nr. 28 Elgin, Dufftown, und Nr. 36 Grantown & Cairngorm).

Zum Wandern in der Gegend auch abseits der im Buch wiedergegebenen Karten reichen diese beiden Blätter völlig aus, da auch kleine Pfade eingezeichnet sind. Wer es dennoch genauer haben will, der kann sich die Karten der **Pathfinder-Serie** im Maßstab 1:25.000 besorgen.

Von Ordnance Survey werden auch die Karten der Serie Travelmaster im Maßstab 1:250.000 herausgegeben. Hier deckt die Karte Nr. 2 das ganze im Buch behandelte Gebiet ab. Zu Hause haben geografische Buchhandlungen die Karten oft vorrätig oder können sie über das GeoCenter/ILH in Stuttgart besorgen. In Schottland erhalten Sie die Karten in den meisten Buchhandlungen, in den Touristenbüros oder direkt von der O.S.-Hauptvertretung in Edinburgh:
- Thomas Nelson & Sons Ltd., 51 York Place, Edinburgh EH1 3JD, ☎ 0131/5573011

Relativ neu ist die Karte "Speyside Way" aus dem britischen Verlag **Harvey**. Die empfehlenswerte Karte mit u.a. deutschsprachiger Legende deckt den gesamten Weg auf einem Blatt ab. Sie kostet knapp £ 9,95 und ist in den meisten Touristenbüros zu erhalten.

Lammsaison

Zwischen Mitte März und Mai werden auf den Weiden die Lämmer geboren und die Mutterschafe säugen ihre Jungen - dann sind die Schafe besonders empfindlich gegen Störungen. Ein Muttertier, das - beabsichtigt oder nicht - durch einen Wanderer erschreckt wird, kann leicht sein Junges verlieren.

Bitte seien Sie in dieser Zeit besonders rücksichtsvoll und halten Sie sich an die Regelungen der Landbesitzer, über deren Grund Sie laufen.

Maße und Gewichte

Obwohl in Großbritannien seit einigen Jahren offiziell das metrische System gilt, hat sich diese Umstellung noch nicht überall durchgesetzt. In vielen Bereichen wird noch mit traditionellen Angaben gearbeitet. Daher ist es sinnvoll, die wichtigsten Maße und Gewichte zu kennen.

Längen

1 inch (in.)	2,54 cm
1 foot (ft.)	30,5 cm
1 yard (yd.)	91,4 cm
1 mile (mi.)	1.609 m

Flächen

1 square yard (sq.yd.)	0,84 m²
1 acre	4.047 m²
1 square mile (sq.mi.)	2,59 km²

Volumen

1 pint	0,57 l
1 gallon	4,54 l

Gewichte

1 ounce (oz.)	28 g
1 pound (lb.)	454 g

Obgleich in Schottland die Temperatur offiziell in Grad Celsius gemessen wird, werden Sie vielfach, sogar noch in manchen Wetterberichten der Fernsehsender, auf die Temperatureinheit **Fahrenheit** (°F) treffen. Die Umrechnung erfolgt dabei nach den Formeln: °F = (°C x 1,8) + 32 oder °C = (°F - 32) ÷ 1,8.

Medizinische Versorgung

Obwohl es in Großbritannien einen kostenlosen **Gesundheitsdienst** (*National Health Service*) gibt, den Touristen aus einem Mitgliedsland der EU in Anspruch nehmen können, ist es doch empfehlenswert, eine zusätzliche **Reisekranken- und/oder Unfallversicherung** abzuschließen. Über Einzelheiten informiert Sie Ihre Krankenversicherung.

Manche privat praktizierenden Ärzte, vor allem Zahnärzte, müssen Sie direkt vor Ort bezahlen. Lassen Sie sich eine Rechnung ausstellen, die Sie nach der Reise bei Ihrer Krankenkasse einreichen können. Das gleiche gilt auch für Medikamente.

Der Standard der medizinischen Versorgung entspricht in Schottland dem der anderen mitteleuropäischen Länder. Entlang des Speyside Way finden Sie in den größeren Orten Ärzte oder sogar auch Krankenhäuser (☞ Infoblock am Ende der Etappenbeschreibung, ✚).

Munros, Corbetts und Marylins

Der Begriff *Munro* oder *Munro bagging* (Munro-Sammeln) ist in Großbritannien und vor allem in Schottland bei jedem Wanderer und Naturliebhaber bekannt. Wundern Sie sich aber nicht, wenn Ihnen jemand erzählt, dass er Munros sammelt und keinen Behälter dafür hat. Es handelt sich nämlich nicht etwa um eine seltene Pflanze, ein Tier oder Gestein, sondern um eine ganz bestimmte Kategorie von Bergen: Unter einem Munro versteht man hierzulande einen Berg, der mehr als 3.000 Fuß (915 m) hoch ist.

Dieser Begriff geht auf das letzte Jahrhundert zurück, als sich ein gewisser **Sir Hugh Munro** daran machte, die höheren schottischen Gipfel zu besteigen und mit primitiven Geräten zu vermessen. Damals ging man davon aus, dass es nur etwa 30 Berge gibt, die diese Höhe überschreiten. Der bergsteigende Sir zweifelte diese Angaben an, und im Laufe seines Lebens kam er dann tatsächlich auf 283 Gipfel mit dieser Minimalhöhe. Typisch für die Insel ist, dass sich aus einem zunächst harmlosen Spaß im Laufe der Zeit eine ernste Sache entwickelte. Und so ist es nicht verwunderlich, dass seit den Tagen von Sir Hugh Munro diverse ernsthafte Veröffentlichungen zum Thema "Munro" erschienen sind und sich eine Reihe von Gesellschaften gebildet haben, die sich mit diesem Thema beschäftigen. Heute werden genau 277 Berge als Munros anerkannt.

Darüber hinaus haben sich in diesem Jahrhundert eine Reihe weiterer Kategorien von Bergen entwickelt, von denen nur noch zwei genannt werden sollen.

Relativ alt ist schon die Bezeichnung **Corbett**. Hierunter versteht man Berge, die zwischen 2.500 und 3.000 Fuß (760 bis 915 m) hoch sind. Zusätzlich müssen sie zu allen Seiten 500 Fuß (150 m) abfallen. In der letzten Auflage der offiziellen Liste von 1990 werden 221 Corbetts genannt.

Ganz aktuell wird die Einführung von **Marilyns** diskutiert. Dabei handelt es sich um Berge oder auch nur Erhebungen, die nach allen Seiten mindestens 150 m abfallen. Es ist nicht, wie z.B. bei den Corbetts, gefordert, dass sie eine bestimmte Mindesthöhe haben müssen.

Das "Sammeln" von Munros, Corbetts oder in Zukunft vielleicht auch Marilyns ist in bestimmten Kreisen der britischen Gesellschaft eine beliebte Freizeitbeschäftigung geworden. Wer alle Munros bestiegen hat, darf sich **Munroist** nennen. Sir Hugh selbst war übrigens kein Munroist. Ihm fehlen zwei oder drei abgelegene Gipfel.

Den ersten Munroisten gab es erst im Jahre 1901. 1970 waren es noch weniger als 100, die alle Gipfel erklommen hatten. In den letzten zwanzig Jahren entwickelte sich dieses Hobby beinahe zur Manie unter den Briten. Bis heute gibt es schon mehr als 1.000 neue Munroisten, und jeden Tag werden es mehr.

Sie können Munros in den **Cairngorms** (☞ Hinweise am Ende der Beschreibung von Etappe 10) sammeln. Direkt am Speyside Way gibt es keine. Der im Südosten Dufftowns liegende **Ben Rinnes** (☞ Etappe 4) zählt zu den Corbetts. Marilyns gibt es zahlreiche entlang des Speyside Way. Genannt seien **Ben Aigan** (☞ Etappe 3), **Ben Rinnes, Meikle Conval, Little Conval** (☞ Etappe 4) und **Carn Daimh** (☞ Etappe 10).

Nahverkehr

🚆 Mit der Bahn erreichen Sie sowohl den Norden der Wanderregion als auch den Süden. Im Norden verläuft eine Verbindung zwischen Aberdeen und Inverness mit Halt in Keith und Elgin, von wo aus Sie mit Bussen zu den einzelnen Orten entlang des Speyside Ways gelangen können. Im Süden liegt Aviemore, Endpunkt des Speyside Ways, an der Strecke Inverness - Edinburgh/Glasgow. Hinzuweisen ist noch auf die Strathspey Steam Railway, die als Ausflugs- bzw. Museumsbahn die Strecke von Aviemore nach Boat of Garten bedient.

🚌 Der öffentliche Nahverkehr erfolgt in der Region mit Bussen unterschiedlicher, privater oder kommunaler Gesellschaften. Verbindungen bestehen zu allen

Etappenzielen. Da vor allem die privaten Gesellschaften streng nach wirtschaftlichen Maßstäben arbeiten, kommt es relativ häufig zu Änderungen im Streckennetz.

☺   Aktuelle Informationen im Internet auf den offiziellen Seiten unter:
- 💻 www.moray.org/area/speyway/webpages/ oder in den Touristenbüros oder direkt von den Betreibergesellschaften
- Stagecoach/Bluebird: Aberdeen ☏ 01224/212226, Elgin ☏ 01343/544222, Inverness ☏ 01463/239292
- Deveron Coaches: ☏ 01542/836363
- W.W. Smith: ☏ 01542/882113
- W. Hendry: ☏ 01340/810213
- Speyside Community Bus: ☏ 01340871520
- Highland Country Bus: ☏ 01479/811566
- Roberts of Rothiemay: ☏ 01466/711213

Die wichtigsten **Linien** und die jeweiligen Betreiber:

10	Stagecoach/Bluebird: Inverness - Elgin - **Fochabers** - Keith - Aberdeen
305	Stagecoach/Bluebird: Aberdeen - Banff - **Buckie** - **Portgordon** - Fochabers - Elgin
309/543	Stagecoach/Bluebird: **Buckie - Keith**
323 (340)	Stagecoach/Bluebird: Elgin - **Kingston** - **Garmouth** - (Spey Bay)
334	Highland Country: **Aviemore** - Boat of Garten - **Grantown** - **Cromdale** - **Tormore**
335	Stagecoach/Bluebird: Elgin - **Rothes** - Aberdeen
336	Stagecoach/Bluebird: Elgin - Rothes - **Craigellachie - Aberlour - Dufftown**
337	W.W. Smith: **Archiestown - Knockando - Carron - Aberlour**
338	W. Hendry oder Speyside Community Bus: **Aberlour - Tormore**
340	Stagecoach/Bluebird: Elgin - **Fochabers - Spey Bay**
343	Roberts of Rothiemay: **Fochabers - Spey Bay - Buckie**
344	Roberts of Rothiemay: **Fochabers - Spey Bay** - Elgin
362	W Roberts of Rothiemay: **Tomintoul - Dufftown** - Keith
363	Roberts of Rothiemay: **Tomintoul - Aberlour**
500	Deveron Coaches: **Cullen - Aviemore**

✋ Beachten Sie, dass die Fahrpläne starken saisonalen Schwankungen unterworfen sind. Manche Linien verkehren nur im Sommer, nur an Schultagen (also auch nicht in den Schulferien im Juli/August) oder nur einmal pro Woche.

☺ Darüber hinaus gibt es noch eine Reihe von Schulbussen, die die einzelnen Orte miteinander verbinden. Sie können ebenfalls benutzt werden, verkehren aber nur an Schultagen und meist nur zweimal am Tag.

Post

Die großen **Postämter** sind in der Regel von 9:00 bis 17:30 durchgehend geöffnet, samstags nur bis zum Mittag. Kleinere Postämter haben davon abweichende Öffnungszeiten.

Post Office in Craigellachie

In fast jedem kleineren Ort gibt es eine **Postagentur**, die oft in Krämer-, Papier- oder Zigarettenläden untergebracht ist. Sie ist immer deutlich gekennzeichnet (nicht gelb wie bei uns, sondern rot) und leicht zu finden. Die Öffnungszeit der Poststelle ist dabei oft kürzer als die Ladenöffnungszeit.

Für Briefe gibt es innerhalb Großbritanniens **zwei Tarifklassen**: Die 1. Klasse ist etwas schneller, dafür aber auch etwas teurer. Ins **Ausland** gibt es nur eine Klasse. Generell wird die Post per Luftfracht ohne Aufpreis befördert. Allerdings sind die Laufzeiten etwas unklar. Manche Post ist innerhalb von zwei bis drei Tagen am Bestimmungsort, auf andere muss man manchmal bis zu zwei Wochen warten. Ein System scheint aber nicht dahinter zu stecken. **Postkarten** und **Briefe** bis 60 g kosten innerhalb Großbritanniens in der 1. Klasse £ 0,30, in der 2. Klasse nur £ 0,21. Postkarten und Briefe bis 20 g können Sie von Großbritannien aus in alle Länder Europas für £ 0,42 verschicken und in den Rest der Welt für £ 0,68.

Sport

🎣 Angeln

Wegen der in den Highlands vielfach noch intakten Ökologie der Fließ- und Stillgewässer sind Fische überall reichlich vorhanden. Deshalb ist es kein Wunder, dass die schottischen Gewässer bei Anglern einen ausgezeichneten Ruf besitzen. Viele Touristen aus Europa und Übersee kommen ausschließlich zum Angeln in die Region.

Den größten Anteil hat dabei das sogenannte **game fishing** (Lachs- und Forellenfang), während das Angeln anderer Süßwasserfische (**coarse fishing**) nicht so beliebt zu sein scheint.

Der Spey gilt unter Großbritanniens Flüssen als einer der besten Lachsflüsse überhaupt. Während Ihrer Tour auf dem Speyside Way können Sie viele Angler sehen, die vom Ufer aus oder mitten im Fluss stehend ihr Glück versuchen. Aber auch im Avon, dem Fiddich, Nethy, Dulnain oder anderen Zuflüssen in den Spey sowie in vielen kleineren oder größeren Seen kann geangelt werden. Neben dem **Lachs** (*salmon*) werden vor allem die braunen **Bachforellen** (*river trout*) sowie **Regenbogenforellen** (*rainbow trout*) gefangen.

Ein Angelschein mit dem Nachweis einer gewissen Befähigung, wie Sie ihn z.B. in Deutschland benötigen, ist nicht erforderlich. Sie müssen lediglich eine **Genehmigung** (*permit*) erwerben, die Sie meist vor Ort erhalten. Diese Genehmigungen sind für Lachse etwa ab £ 20 pro Tag zu haben. Bei guten Gewässern können die Genehmigungen aber auch sehr viel teurer (£ 150 und mehr) sein. Wollen Sie nur Forellen angeln, sind die Kosten deutlich geringer. Angeln können Sie mit lokalen Einschränkungen von Anfang Februar bis Ende Oktober.

☺ In den Touristenbüros erhalten Sie Informationen, wo Sie die entsprechenden Genehmigungen erhalten. Für einige Regionen erhalten Sie dort auch Faltblätter mit detaillierten Informationen zum Angeln.

☺ Für die beiden nördlich von Tomintoul liegenden Flüsse **Chabet Water** und **Conglass Water** sind keine Genehmigungen erforderlich.

Gebührenfrei ist auch das Angeln von Meeresfischen in der Nordsee (*sea angling* oder *deep sea angling*). Wenn Sie nicht vom Strand aus Ihr Glück versuchen wollen, können Sie sich einer Hochseeangelfahrt anschließen, die erfahrungsgemäß größere Fänge erbringt.

- Mr. A. Gardiner, Cullen Marine Services, Rosenberg, 27 North Deskford Street, Cullen AB56 2 XH, ☎ 01542/840323

Wenn Sie keine eigene **Angelausrüstung** besitzen oder Ihre nicht vor Ort haben, können Sie entsprechendes Material leihen bei:

- Anderson Countrywear, 7 High St., Aberlour AB38 9QB, ☎ 01340/871570
- **Angeln** von Harald Barth, OutdoorHandbuch Basiswissen für draußen (Band 21), Conrad Stein Verlag, ISBN 3-89392-121-4, € 7,90

Golf

Ob Schottland nun das Heimatland des Golfspieles ist oder nicht ändert nichts an der Tatsache, dass in keinem anderen Land der Welt diese Sportart so weit verbreitet und beliebt ist wie hier. Auf mehr als 450 Plätzen können sich Anfänger, Fortgeschrittene und Profis tummeln.

Golf ist in Schottland kein Hobby einiger Privilegierter, sondern eine Volkssportart. Dies drückt sich auch in relativ niedrigen Gebühren aus. So können Sie auf öffentlichen Plätzen schon für etwa £ 5 eine Runde spielen. Auf privaten Plätzen sind Sie schon ab £ 8 dabei. Jugendliche oder Senioren zahlen meist weit weniger als die Hälfte. Natürlich gibt es auch Anlagen, die deutlich höhere Preise verlangen oder wo Sie ohne eine lange Anmeldezeit bzw. ein Empfehlungsschreiben keinen Abschlag machen dürfen (beispielsweise im Mekka der Golfer in St. Andrews auf der Halbinsel Fife mit vier Plätzen).

Direkt am Speyside Way liegen folgende schönen Golfplätze:

- Dufftown: Dufftown Golf Club, Mether Cluny, Dufftown AB55 4AD, ☎ 01340/820325
- Boat of Garten: Boat of Garten Golf Club, Boat of Garten, PH24 3BQ, ☎ 01479/831282
- Garmouth: Garmouth and Kingston Golf Club, Garmouth, Fochabers AV32 7LU, ☎ 01343/870388
- Grantown: Grantown on Spey Golf Club, Grantown, PH26 3HY, ☎ 01479/872079

- Spey Bay: Spey Bay Golf Course, Spey Bay, Fochabers IV32 7PJ, ☎ 01343/820424

Reiten

Reiten ist auf dem Speyside Way nur auf dem Abschnitt zwischen Craigallachie und Ballindalloch erlaubt. Alle anderen Streckenabschnitte sind für Reiter gesperrt. Abseits des eigentlichen Weges gibt es aber eine Fülle von Reitmöglichkeiten. In einigen Orten sind **Reitzentren**, wo Sie Pferde stunden- oder tageweise leihen können. Einige Reitställe bieten mehrtägige Reittouren mit Übernachtung (*Ride 'n Camp Expedition*) oder einwöchige Reitkurse (auch für Kinder ohne Begleitung der Eltern) an.

- Ellan House, Station Road, **Carrbridge**, PH236 3AN, ☎ 01479/841620
- Knockandhu Riding School, **Craigellachie** AB38 9RP, ☎ 01542/860302
- Garmouth Riding Centre, **Fochabers** IV32 7GQ, ☎ 01343/870445
- Alvie Stables, Alvie, **Kincraig**, PH21 1NE, ☎ 01540/651409
- Mrs. Smith, Drumbain Riding, **Rothes** AB38 7AQ, ☎ 01340/831250
- Tomintoul Riding Centre, St. Bridget Farm, **Tomintoul** AB37 9HS, ☎ 01807/580210

Stechfliegen und Mücken

Stechfliegen, allgemein bekannt als Pferdebremsen, sind auf einigen Streckenabschnitten relativ häufig. Sie kommen zwar nur einzeln vor, hinterlassen dafür aber unangenehme Einstiche.

Midges, winzig kleine Mücken, sind eine echte Plage. Sie erzeugen bei den meisten Menschen stark juckende Stichstellen und sind besonders häufig im Juli und August an windstillen Tagen - beim leichtesten Wind verschwinden sie allerdings bereits. Wegen ihrer geringen Größe gelangen sie auch durch kleine Spalten und Öffnungen. Ein Mückennetz oder Mückenhut mit Netz ist daher nur bedingt von Nutzen. Auch Schutzmittel wie *Autan* oder *Djungelolja* helfen nicht.

Wer nicht allergisch auf diese Plagegeister reagiert, sollte sich stechen lassen. Wichtig ist aber, sich nicht zu kratzen. Nach einiger Zeit gewöhnt sich der Körper an die Stiche und die Reaktionen werden immer geringer.

Telefon

Im Laufe der letzten Jahre wurden in Großbritannien die Telefonnummern auf ein einheitliches System umgestellt. Die Telefonnummern in älteren Publikationen sind daher meist überholt.

Die **Vorwahlnummern** beginnen nun immer mit "01". In der Regel wurde bei den alten Vorwahlnummern hinter die führende "0" eine "1" eingefügt. Der eigentliche Anschluss ist jetzt meist sechsstellig, was vor allem für kleinere Orte Konsequenzen hat. Hier waren die Anschlussnummern vorher oft nur drei- oder vierstellig.

☺ Bei Schwierigkeiten können Sie unter der gebührenfreien Rufnummer "100" die Vermittlung (*operator*) erreichen: "Hier werden Sie gern geholfen".

Sie erreichen einen schottischen Anschluss aus dem Ausland, indem Sie zunächst die Landesvorwahlnummer für Großbritannien wählen (0044), dann die örtliche Vorwahl **ohne** die führende "0" (z.B. 1343 für Elgin) und dann die Nummer des Anschlusses. Das Telefonieren in umgekehrter Richtung erfolgt analog.

Die **Landesvorwahlnummern** sind für Deutschland 0049, Österreich 0043 und die Schweiz 0041.

Denken Sie daran, auch hier die führende "0" vor der Ortsvorwahl wegzulassen.

Ähnlich wie in Deutschland gibt es auch in Schottland mehr und mehr **Kartentelefone**. Telefonkarten können Sie in allen Postämtern und in vielen Zeitschriftenläden kaufen.

Ein guter Service ist die Möglichkeit für **R-Gespräche** von den meisten öffentlichen Telefonen aus. Bei dieser Art von Gespräch übernimmt der angerufene Teilnehmer nach seinem Einverständnis die Gebühren für den Anruf.

Für Deutschland und Österreich gibt es einen Vermittlungsdienst in deutscher Sprache unter den Rufnummern 0800-890049 für Deutschland und 0800-89006 für Österreich.

Außerdem können Sie sich in den Telefonzellen auch anrufen lassen. Die Nummer ist an jedem Apparat angegeben.

✋ Der **Notruf** hat die Nummer 999.

Die Netze der britischen Mobilfunkbetreiber sind nahezu flächendeckend. Da die kontinentalen Betreiber mit ihren britischen Partnern sog. Roaming Verträge abgeschlossen haben, können Sie fast überall mit Ihrem Handy telefonieren.

☺ In den meisten Hotels werden sehr hohe Telefongebühren erhoben, so dass Sie besser öffentliche Telefone benutzen sollten.

Unterkunft

Entlang des Speyside Way haben Sie die Wahl zwischen verschiedenen Unterkunftsarten, wobei nur in den größeren Orten das gesamte Spektrum angeboten wird.

☺ Unterkünfte entlang des Speyside Ways sind in einem jährlich aktualisierten Faltblatt aufgeführt, das Sie in den Touristenbüros erhalten oder direkt vom Speyside Way Ranger Service (☞ Reise-Infos von A bis Z, Countryside Ranger).

🛏 Fast an jedem Etappenziel finden Sie ein **Hotel**. In den größeren Orten können Sie zwischen Häusern mit unterschiedlichem Standard und verschiedenen Preisen wählen.

Die **Preise** für eine Übernachtung mit Frühstück beginnen bei etwa £ 30. Bei guten bis sehr guten Hotels müssen Sie mit £ 50 bis 100 rechnen, teilweise noch mehr. Die Preisspannen der einzelnen Hotels sind in dem Infoblock am jeweiligen Etappenende angegeben.

B&B Nahezu überall, zum Teil auch zwischen den Etappenzielen, erhalten Sie Unterkunft in Pensionen, Gästehäusern oder privaten Zimmern. Eine britische "Spezialität" ist die Vermietung einzelner Räume in einem privaten Haushalt. Diese **Bed & Breakfast (B&B)**-Angebote erfreuen sich eines großen Zuspruchs, weil sie einerseits relativ preiswert sind (Übernachtung und Frühstück schon ab £ 20) und andererseits den Reisenden direkt mit den Einheimischen in Kontakt bringen.

Man wird von den meist freundlichen Besitzern, oft sind es verwitwete ältere Damen, wie ein guter Freund oder eine Freundin aufgenommen und entsprechend bewirtet. Abends kann man bei einer Tasse Tee mit der Hausherrin oder dem Hausherrn plaudern. Morgens wird das Frühstück manchmal gemeinsam eingenommen. Leider entwickeln sich immer mehr dieser Privatunterkünfte zu unpersönlichen Gästehäusern mit vielen zu vermietenden Zimmern.

Einige Vermieter bieten ihren Gästen einen kostenlosen Fahrservice. Wanderer ohne eigenes Auto können sich vom Vermieter an einem vorher abgesprochenen Ort abholen und/oder am nächsten Tag auch wieder absetzen lassen. Unterkünfte, die diesen Service bieten, sind mit einem 🚗 gekennzeichnet.

Schottland ist mit einem dichten Netz von insgesamt 83 **Jugendherbergen** überzogen. Je nach Ausstattung und Komfort sind die Herbergen in drei Grade eingeteilt. In der einfachsten Kategorie (Grade III) gibt es in der Regel kein warmes Wasser und die Unterkünfte sind meist nur im Sommer offen. Standard ist die Kategorie Grade II. Diese Herbergen sind meist das ganze Jahr über geöffnet und bieten in der Regel auch Mahlzeiten an. Die komfortabelste Kategorie (Grade I) bietet neben warmen Duschen auch einen kleinen Shop und morgens und abends Mahlzeiten. Entlang des Speyside Way gibt es nur in **Tomintoul** eine Jugendherberge. Sie gehört zur einfachsten Kategorie und hat im Winter nicht geöffnet.

Die Herbergen sind relativ preiswert, haben aber den Nachteil, dass gewisse, zum Teil antiquiert erscheinende Regeln eingehalten werden müssen. So gibt es feste Sperrstunden (meist 23:00), nach denen abgeschlossen wird. Auch wird in den meisten Herbergen die Trennung nach Geschlechtern strikt eingehalten.

Bitte denken Sie daran, dass Sie für Übernachtungen in Jugendherbergen einen gültigen **Herbergsausweis** benötigen, den Sie aber auch in Schottland direkt in der Jugendherberge erwerben können.

Informationen zu Jugendherbergen erhalten Sie von der Scottish Youth Hostel Association, 7 Glebe Crescent, Stirling FK8 2JA,
☎ 01786/891400, FAX 01786/891333, 🖥 www.syha.org.uk

Liberaler als Jugendherbergen sind die privaten Billigunterkünfte, die sog. **Bunkhouses** oder Backpackers. Hier kann man für wenig Geld (ab ca. £ 9) in einfachen Unterkünften übernachten. Diese Art der Herbergen wird in Schottland immer beliebter. Jedes Jahr kommen neu geschaffene Unterkünfte hinzu. Eine Liste dieser Unterkünfte erhalten Sie vom Scottish Tourist Board (☞ Information) oder bei:

- **Independent Backpackers' Hostels Scotland, I.B.H.S.**, Pete Thomas, Croft Bunkhouse & Bothies, Portnalong, Isle of Skye, IV47 8SL,
  ☎ 01478/640254, FAX 01478/640254, 🖥 www.hostel-scotland.co.uk
- **Highland Hostels**, c/o 1 Achluachrach, By Roybridge, PH31 4AW,
  ☎ 01397/712900, FAX 01397/712900, 🖥 www.highland-hostels.co.uk

🚐△🚙 Entlang des Wanderweges gibt es einige sehr schöne **Campingplätze**, die sich für Übernachtungen anbieten. Teilweise sind sie auch für Wohnmobile und Wohnwagen geeignet. Außerdem gibt es weitere Plätze, zum Teil jedoch ohne jegliche sanitäre Einrichtungen, wo gezeltet werden darf.

Informationen dazu finden Sie bei den Hinweisen in den Etappenbeschreibungen.

⛺ Schottland ist eines der letzten Gebiete Europas, wo zumindest noch gebietsweise **wild gezeltet** werden darf. So können Sie z.B. im Crown Estate Glenlivet auf ausgewiesenen Flächen (Einzelheiten ☞ Etappen 8 und 9) Ihr Zelt für eine Übernachtung aufstellen. Für Gruppen gibt es Sonderregelungen.

Zeit

In Schottland gilt die auf den Längengrad Null bezogene **Greenwich Mean Time (GMT)**. Unsere mitteleuropäische Zeit (MEZ) geht dagegen um eine Stunde vor. Die Umstellung von Sommer- auf Winterzeit erfolgt seit 1996 bis auf weiteres an den gleichen Tagen wie bei uns.

Die Einteilung des Tages in 24 Stunden ist weitgehend ungebräuchlich. In Großbritannien und somit auch in Schottland besteht der Tag aus zweimal 12 Stunden. Um Verwechslungen zu vermeiden, benutzt man für Zeiten **vor** 12:00 mittags den Zusatz **"a.m."** (*lat. ante meridiem*) und für Zeiten **nach** 12:00 mittags den Zusatz **"p.m"** (*lat. post meridiem*). 10 a.m. bedeutet also 10:00 morgens, während mit 10 p.m. 22:00 gemeint ist.

Zoll

Reisende aus **EU-Mitgliedstaaten** (z.B. Deutschland und Österreich) können Waren, die aus einem EU-Land stammen und zum persönlichen Gebrauch bestimmt sind, zollfrei ein- und ausführen. Allerdings gibt es Höchstmengen, bei dessen Überschreiten der Zoll nicht mehr von privatem, sondern von gewerblichem Nutzen ausgeht und dann entsprechende Gebühren kassiert. Die Höchstmengen sind: 800 Zigaretten, 400 Zigarillos, 200 Zigarren und 1 kg Tabak zum Selbstrollen, 10 l Spirituosen, 20 l weinhaltige Getränke, 90 l Wein (von denen nicht mehr als 60 l Schaumwein sein dürfen) und 110 l Bier.

Folgende Höchstmengen gelten für Waren, die nicht aus EU-Ländern oder aus Duty-free-Shops stammen, und die Reisende aus **Nicht-EU-Staaten** (z.B. Schweiz) mitnehmen: 200 Zigaretten oder 100 Zigarillos oder 50 Zigarren oder 250 g Tabak, 1 l alkoholische Getränke über 22 Volumprozent oder 2 l unter 22 Volumprozent, 60 ml Parfüm und 250 Eau de Toilette, andere Waren und Geschenke im Wert bis £ 136.

Jugendliche unter 17 Jahren dürfen keinen Alkohol oder Tabak einführen. Bestimmte Waren, wie z.B. Waffen, Fleisch- und Wurstwaren sowie Molkereiprodukte, dürfen nicht eingeführt werden.

Besucher aus Nicht-EU-Ländern können sich die in Schottland auf Waren aller Art bezahlte Mehrwertsteuer (VAT) zurückerstatten lassen. Dazu müssen Sie die Waren in einem Geschäft, das dem "Foreign Exchange Tax Free Shopping-System" angeschlossen ist, kaufen. Fragen Sie in dem Geschäft (nicht jedes Geschäft ist an dieses System angeschlossen) nach dem Formular "Tax Free Shopping", das Sie unter Vorlage Ihres Reisepasses ausfüllen müssen. Bei der Ausreise aus Großbritannien legen Sie dieses Formular der Zollbehörde (HM Customs and Excise) vor.

Der Speyside Way in 15 Etappen

Wanderweg kurz vor Aviemore

1. Etappe: Buckie - Spey Bay (8 km)

Seit Frühjahr 2000 ist der offizielle Start- bzw. Endpunkt des Speyside Ways die Hafenstadt Buckie an der Nordsee am Moray Firth (firth = Förde).

Buckie

- Cluny Hotel, 2 High Street, Buckie AB56 1AQ, ☎ 01542/832922, 15 Betten, ÜF £ 25-40, ganzjährig
- Marine Hotel, Marine Place, Buckie AB56 1UT, ☎ 01542/832249, 16 Betten, ÜF £ 22-30, ganzjährig
- The Old Coach House Hotel, High Street, Buckie AB56 1AR, ☎ 01542/ 836266, FAX 01542/836361, 26 Betten, ÜF £ 26-50, ganzjährig
- **B&B** The Bungalow, Mrs. Elisabeth H. MacMillan, 81 High Street, Buckie AB56 1BB, ☎ 01542/832367, 8 Betten, ÜF ab £ 18, ganzjährig
- Rosemount, Mrs. Norma Pirie, 62 East Church Street, Buckie AB56 1ER, ☎ 01542/833434, FAX 833434, 4 Betten, ÜF £ 20-25, ganzjährig
- Benreay Medical Practice, ☎ 01542/833399
- ☎ 01542/832222
- Buckie bietet das gesamte Spektrum von Einkaufsmöglichkeiten.
- Am Ende der West Church Street

Buckie ist heute eine geschäftige Fischerstadt an der Mündung des Burn of Buckie. Bereits im 19. Jahrhundert war der Ort das Fischereizentrum in der Region. Ende des 19. Jahrhunderts waren hier weit mehr als 300 Fischereifahrzeuge beheimatet und Anfang des 20. Jahrhunderts hatte Buckie die größte Flotte dampfgetriebener Fischerboote in ganz Schottland.

Der Ort wird durch den Burn of Buckie in zwei Teile geteilt. Im Westen des Flusses liegt Nether Buckie, besser bekannt als Buckpool. Östlich des Flusses erstreckt sich Ost-Buckie. Hier liegen Zentrum und Hafen des Städtchens.

⌘ Neben dem Hafen und den zahlreichen Parks lohnt vor allem das meereskundliche Heimatmuseum, **The Buckie Drifter**, einen Besuch. Das Museum informiert in einer außergewöhnlichen Ausstellung über die Geschichte der Fischerei in der Region.

1. ETAPPE: BUCKIE - SPEY BAY

- The Buckie Drifter, Maritime Heritage Centre, Freuchny Road, Buckie AB56 1TT, ☎ 01542/834646, FAX 01542/835995, April bis Endo Oktober ⌚ Mo bis Sa von 10 bis 17 Uhr, So von 12 bis 17 Uhr, Eintritt: Erwachsene £ 2,75, Kinder £ 1,75, Familien £ 8

Der **Speyside Way** beginnt bzw. endet in Buckpool am **Buckpool Harbour Park** an der A 990. Sie erreichen den Start- bzw. Endpunkt des Wanderweges, wenn Sie vom Cluny Square, dem Zentrum des Ortes, die High Street Richtung Hafen gehen und dann nach wenigen Metern, dort wo sie nach rechts abknickt, links abwärts der Baron Street folgen. Vorbei am Gebäude der Ambulanz und der Coast Guard erreichen Sie nach kurzer Zeit an einer Informationstafel den kleinen, unscheinbaren Park.

☺ Buckie als neuer Startpunkt des Speyside Ways wurde vor allem wohl wegen der gegenüber Spey Bay sehr viel besseren Anbindung an den öffentlichen Nahverkehr gewählt. Leider ist der erste Teil dieser Etappe, die Strecke zwischen

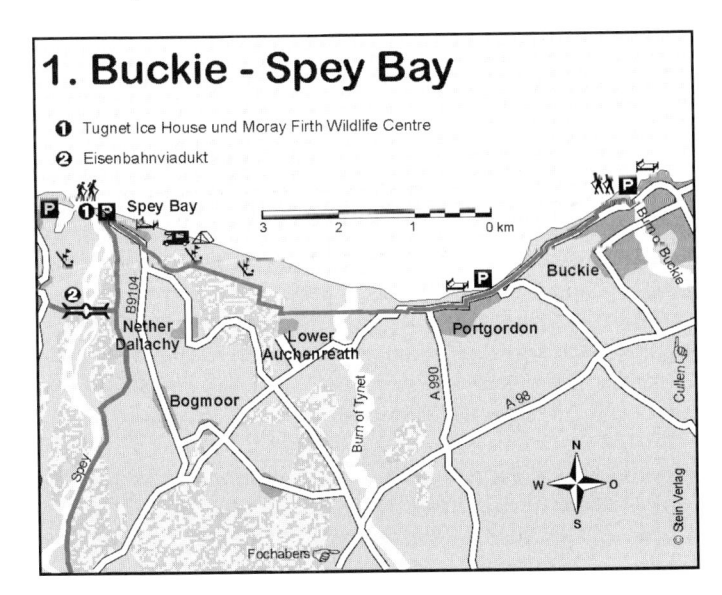

1. Buckie - Spey Bay

❶ Tugnet Ice House und Moray Firth Wildlife Centre
❷ Eisenbahnviadukt

Die Hauptstraße in Buckie

Buckie und Portgordon, nicht besonders eindrucksvoll. Sie verläuft über weite Strecken an der relativ viel befahrenen A 990. Wer die Möglichkeit hat, sollte die Wanderung daher besser in Portgordon beginnen.

Vom Park aus gehen Sie auf dem Fußweg Richtung Portgordon weiter. Nach etwa 50 m biegen Sie rechts auf eine einspurige Asphaltstraße ab, der Sie für einen knappen Kilometer bis zu einem kleinen Platz folgen. Dort treffen Sie wieder auf die Hauptstraße, der Sie nach rechts folgen. Schon bald haben Sie das Ortsende von Buckie erreicht. Voraus sind bereits die Häuser von Portgordon und Spey Bay zu sehen. Links von der Straße erkennt man die ehemalige Trasse der Great North of Scotland Railway, über die der Weg hinter Portgordon verlaufen wird. Sie passieren nacheinander eine zweibogige Steinbrücke, ein Eishaus und nochmals eine Steinbrücke, bis Sie an den Ortseingang von Portgordon gelangen.

Portgordon

Portgordon ist ein kleiner Hafenort, der 1797 gegründet wurde und früher rege Handelsbeziehungen zu den Ländern an der Ostsee hatte. Von hier aus wurden Getreide und Fisch verfrachtet sowie Kohle und Salz eingeführt. Der kleine Hafen ist heute versandet und fällt bei Ebbe regelmäßig trocken.

B&B Sunny Brae Guesthouse, 32 Gordon Street, Portgordon, ☏ 01542/835291, ÜF ab £ 17

♦ Glenelg, Mrs. Crawford, 26 Richmond Terrace, Portgordon, AB56 2RJ, ☏ 01542/833221, 7 Betten, ÜF ab £ 18, 🛏 ganzjährig, 🚗

Der Speyside Way führt mitten durch den Ort und trifft am kleinen Hafen wieder an das Meer. Kurz darauf biegt die A 990 rechtwinklig nach Süden Richtung Fochabers ab. Sie gehen hier weiter geradeaus unmittelbar am befestigten Ufer entlang. Wenig später schwenkt die Straße nach links und gleich wieder nach rechts, um anschließend über eine einbogige Steinbrücke die Bahntrasse zu überqueren. Am Anfang der Auffahrt zur Brücke ist auf der linken Seite an einer Informationstafel ein Gatter mit einem Durchlass, der auf die Bahntrasse führt. Hier gehen Sie auf die Trasse und wenden sich nach rechts unter der Brücke hindurch. Für die nächsten gut 1,5 km geht es jetzt schnurgerade weiter durch Grünland auf der ehemaligen Bahntrasse, bis in Höhe von Lower Auchenreath, einem kleinen, hinter einem Wall verborgenen Dorf, der Speyside Way vor einer Brücke nach rechts schwenkt. Am Waldrand geht es für ein kurzes Stück auf einem Feldweg Richtung Norden, bis der Speyside Way nach links auf einen Forstweg in den Wald führt.

Weg von Portgordon nach Spey Bay

☺ Wenn Sie hier weiter geradeaus gehen, kommen Sie an den Golfplatz von Spey Bay und können dann diesen überquerend an den Strand gelangen, von wo aus Sie weiter am Strand entlang bis Spey Bay wandern können. Der Weg ist an sich schöner, als die offizielle Route, aber auch wegen möglicherweise verirrter, umherfliegender Golfbälle nicht ganz ungefährlich. Wenn Sie diese Variante wählen, sollten Sie sich möglichst nahe am Ufer halten, auch um die sensiblen Golfer nicht zu stören.

Der markierte Wanderweg führt nun weiter durch mehr oder weniger dichten Kiefernwald. Bald schwenkt er wieder nach rechts bis zum Waldrand, wo er an den Golfplatz stößt.

Dort geht es nun weiter nach links am Waldrand entlang. Kurz vor Spey Bay geht es nochmals in den Wald hinein, bis der Wanderweg den Wald zwischen dichtem, im Frühsommer herrlich gelb blühendem Stechginster verlässt und kurz darauf auf die Straße trifft, die rechts zum Spey Bay Hotel führt.

Sie passieren das Hotel und gehen weiter Richtung Westen, bis Sie nach wenigen hundert Metern an einen Parkplatz an der Mündung des Spey gelangen. Hier haben Sie das Ende der ersten Etappe erreicht.

Spey Bay

Spey Bay hat etwa 60 Einwohner und besteht nur aus wenigen Häusern sowie dem Spey Bay Hotel mit einigen Ferienhäusern, dem Camping- und dem Golfplatz.

- Spey Bay Hotel, Spey Bay, Fochabers, Moray, IV32 7PJ, ☎ 01343/820424, 30 Betten, ÜF £ 30-45, ♦ ganzjährig. Über das Hotel werden auch mehrere Ferienhäuser vermietet, die je nach Größe und Jahreszeit zwischen £ 100 und £ 310 kosten. ☺ Gäste des Hotels sowie Mieter der Ferienhäuser können den nahebei liegenden Golfplatz (☞ Reise-Infos von A bis Z) kostenlos benutzen.
- **B&B** Brackla, Shona Kemp, 27 Nether Dallachy, Spey Bay, IV32 7PL, ☎ 01343/821070, 2 Betten, ÜF ab £ 20, ♦ Februar bis November
- Der kleine Lebensmittelladen liegt etwa 1,5 km vom Hotel an der Straße nach Fochabers. Er hat täglich geöffnet.
- Die Poststelle befindet sich im Lebensmittelladen. Sie hat kürzere Öffnungszeiten.

☺ Ein Besuch des Ortes lohnt sich vor allem für den Naturliebhaber. Spey Bay bietet nämlich hervorragende Möglichkeiten zur **Beobachtung von Vögeln**. Vom Parkplatz direkt an der Mündung des Spey haben Sie einen sehr guten Ausblick auf das **Spey Bay Wildlife Reserve**, das vom Scottish Wildlife Trust betreut wird.

Dieses Naturschutzgebiet ist insofern besonders interessant, weil es durch das Wechselspiel zwischen Nordsee und Spey sehr viele unterschiedliche Lebensräume bietet und damit eine große Bandbreite wildlebender Tiere und Pflanzen beherbergt. Vor allem Vogelliebhaber kommen hier auf ihre Kosten. Fast zu jeder Tages- und Jahreszeit liegen hier Ornithologen auf der Lauer, um Vögel zu beobachten.

Vor allem sind es natürlich die vielen verschiedenen Wasservogel- und Strandvogelarten, wie z.B. Regenpfeifer, Strandläufer oder Wassertreter, Möwen, Enten, Gänse und Schwäne, die das Hauptvorkommen der Vögel in Spey Bay ausmachen. Mit etwas Glück können Sie aber auch echte Raritäten, wie z.B. den imposanten Fischadler (*Osprey*) bei der Jagd nach Fischen beobachten.

Was einem sonst eigentlich nur in den Aquarien der Zoologischen Gärten geboten wird, können Sie im Mündungsbereiches des Spey in freier Natur erleben: Seehunde (*common seal*) und Kegelrobben (*grey seal*). Beide sind oft im fischreichen Delta anzutreffen, wo sie nach Nahrung jagen. Dabei lassen sich die größeren Kegelrobben am besten anhand des Kopfes vom Seehund unterscheiden. Während der Kopf des Seehundes rundlich ist, mit einer kurzen Schnauze, hat die Kegelrobbe einen langgestreckten Kopf mit langer Schnauze.

Außerdem ist noch eine weitere wasserlebende Säugetierart interessant, für die der Moray Firth berühmt ist. Wegen des noch sehr sauberen Wassers konnte sich hier eine Population der zu den Zahnwalen gehörenden Großen Tümmler (*bottle-nosed dolphin*) etablieren. Obwohl die Tiere meist weiter von der Küste entfernt leben, kann man sie manchmal auch vom Strand aus beobachten, wie sie hoch aus dem Wasser springen. Die ungefährlichen Tiere sind gar nicht scheu und sehr neugierig. Oft nähern sie sich Booten und manchmal sogar badenden Menschen.

Hinweis: Die Ziffern ❶ bis ㉗ finden sich auf den später folgenden Kartenskizzen wieder.

⌘ Einen Besuch wert ist das ebenfalls an der Mündung des Spey liegende ❶ Museum **Tugnet Ice House**. Es zeigt in einer kleinen Ausstellung die Geschichte des Lachsfangs und der Verarbeitung des Fisches in der Region. Sehenswert ist auch das Ice House selbst. Das vom Anfang des vorigen Jahrhundert stammende Kühlhaus ist eines der letzten noch erhaltenen Eishäuser, die im 17. und 18. Jahrhundert in Schottland weit verbreitet waren.

Hier wurden damals, als man Eis noch nicht künstlich herstellen konnte, im Winter große Eisblöcke eingelagert. Die Häuser waren mit dicken Torfschichten isoliert und meist tief in die Erde gebaut, so dass das Eis bis in den Herbst hinein hielt und auch im Sommer die Temperaturen nur wenig über den Gefrierpunkt anstiegen. Fangfrische Fische, meist Lachse, konnten in diesen einfachen Kühlhäusern über längere Zeit gelagert werden. Vor der Erfindung der Eishäuser gab es nur die Möglichkeit, die Fische durch Kochen oder Salzen über einen längeren Zeitraum lagerfähig zu halten.

♦ **Tugnet Ice House**, 🕒 täglich von Mai bis Ende September, Eintritt frei

Wildlife Centre in Spey Bay

⌘   Ebenfalls am Parkplatz befindet sich das **Moray Firth Wildlife Centre**. Es ist in einem renovierten Gebäude einer Lachsstation untergebracht. Es informiert in einer Ausstellung über zahlreiche lokale Wildtiere, vor allem über Delfine.

♦   Die Ausstellung ist von April bis Oktober Mo bis Fr von 10:30 bis 17:00 geöffnet. Der Eintritt ist frei.

Spey Viaduct - Garmouth (1,5 km) - Kingston (2 km)

Sie verlassen den Speyside Way an der ehemaligen Eisenbahnüberführung in Richtung Westen und gelangen nach wenigen Metern auf den 1886 eröffneten, sehenswerten Eisenbahnviadukt ❷ der **Great North of Scotland Railway**, der den Spey überspannt. Weil sich das Flussbett des Spey im Mündungsbereich von Zeit zu Zeit einen neuen Weg sucht, fließt der Fluss schon lange nicht mehr unter dem zentralen Brückenbogen hindurch. Am Ende der Brückenrampe gelangen Sie an eine Straße, die rechts in das Zentrum von Garmouth führt.

Garmouth mit heute etwa 350 Einwohnern ist seit dem frühen 12. Jahrhundert besiedelt. Im 18. Jahrhundert erlebte der Ort seine Blütezeit. Damals hatte die Stadt einen der wichtigsten Häfen in Moray.

Exportiert wurde im Wesentlichen Getreide und Manganerze aus den Bergen. Importiert wurden Kohle und Glas. Die Blüte endete abrupt, als im Laufe des Jahres 1829 bedingt durch große Sturmfluten der Spey seinen Lauf änderte und der Hafen nicht mehr schiffbar war.

Heute können Sie im Ort noch viele gut erhaltene Häuser sehen, die 200 Jahre und älter sind und in der traditionellen Bauweise aus Steinen vom nahen Strand, verbunden mit Lehm und Stroh, gebaut sind.

Im Norden des Ortes liegt der aus dem 19. Jahrhundert stammende alte Wasserturm, der heute allerdings nicht mehr in Gebrauch ist. Von hier haben Sie einen schönen Überblick auf die Umgebung.

Wer sich zufällig am letzten Samstag im Juni in der Nähe des Ortes aufhält, sollte es nicht versäumen, den **Maggie Fair**, einen der letzten historischen Märkte Schottlands, zu besuchen. Der Markt wurde erstmals 1587 ausgerichtet und seit dem alljährlich wieder.

   The Garmouth Hotel, South Road, Garmouth, IV32 7LU, ☎ 01343/870226, 13 Betten, ÜF ab £ 24, ganzjährig

Vom Wasserturm führt ein Pfad durch Felder bis **Kingston**, das direkt an der Mündung des Spey gegenüber von Spey Bay liegt.

An die Vergangenheit als große Werftstadt erinnert in Kingston heute nichts mehr. Bis zum Ende des 18. Jahrhunderts wurden hier große Tee-Clipper und andere Handelsschiffe sowie Versorgungsschiffe für die britische Marine gebaut. Der Untergang der Schiffbauindustrie kam, als auf den Werften am Clyde bessere und billige Eisenschiffe gebaut wurden.

Der Ort mit 250 Einwohnern ist heute vor allem wegen seines Naturschutzgebietes **The Lein**, das vom Scottish Wildlife Trust betreut wird, interessant. Neben den auch schon von Spey Bay bekannten Seevögeln und Tümmlern findet man hier in den Marschen noch eine große Zahl von Orchideen. Der Parkplatz in Kingston ist als **"Birdwatch Corner"** bekannt.

2. Etappe: Spey Bay - Fochabers (8 km)

Die 2. Etappe beginnt am Parkplatz vor dem Ice House direkt an der Mündung des Spey. Sie wandern zunächst südwärts auf einem unbefestigten Wirtschaftsweg direkt entlang des noch breiten, sehr flachen Flusses, der mit vielen kleineren und größeren Schotterinseln übersät ist. Die Inseln bieten einen idealen Lebensraum für viele Vogelarten. Links von Ihnen liegen Wiesen und Weiden. Nach nur wenigen hundert Metern schiebt sich zwischen Weg und Fluss ein kleines Wäldchen, in dem Sie nach kurzer Zeit an eine ehemalige Eisenbahnunterführung, von der nur noch die Pfeiler erhalten sind, gelangen. Es handelt sich dabei um die stillgelegte Bahnlinie der **Great North of Scotland Railway**. Rechts hinauf auf den ehemaligen Bahndamm führt der Weg zur imposanten Eisenbahnbrücke ❷ über den Spey und weiter nach Garmouth. Die Brücke erreicht man nach etwa 100 m. Der Abstecher auf die Brücke lohnt sich in jedem Fall.

Der Speyside Way verläuft weiter südwärts, beschreibt dann einen Bogen nach rechts und führt wieder direkt an den Fluss. Dort sind Sie zunächst durch einen mit dichtem Stechginster und anderen Sträuchern und Kräutern bewachsenen Deich vom Spey getrennt. Nach kurzer Zeit werden Sie dann auf den Deich geleitet, von wo aus Sie den Blick über den Spey genießen können.

Eisenbahnviadukt über den River Spey

Sie gehen weiter flussaufwärts und kommen in einen lichten Kiefernwald, dem sog. **Warren Wood**, der sich linker Hand erstreckt und bis an den Deich heranreicht. Bald gelangen Sie an eine Freifläche, auf der zwei neuere Angelhütten ❸ stehen. Diese Stelle ist ein beliebter Platz für Lachsangler und ein idealer Fleck für eine Rast.

Von der Angelstelle führt der Speyside Way noch ein kleines Stück auf dem Deich entlang, trifft dann aber auf die Spey Bay mit Fochabers verbindende Straße (B9104). Hier gelangen Sie über einige Stufen hinunter auf die Straße. Auf knapp 1 km müssen Sie nun auf der asphaltierten, glücklicherweise kaum befahrenen Straße laufen. Denken Sie bitte daran, dass in Schottland die Autos links fahren und Sie daher rechts gehen sollten. Die Straße endet an der A96, der Hauptverbindung zwischen Keith und Elgin. Dort finden Sie auch eine Bushaltestelle.

Der Speyside Way verläuft vor der Hauptstraße rechts entlang des Brückendammes und gleich wieder links zunächst unter der neuen Autobrücke hindurch und anschließend unter der alten. Hinter den Brücken geht es durch dichten Laubwald, durch den auf der rechten Seite immer wieder der Spey hindurchschimmert.

Am Ende des Waldes gelangen Sie an ein kleines **Sportgelände**. Hier haben Sie das Ziel der Etappe erreicht. Sie können die ersten Häuser von Fochabers sehen. Rechts und links des Weges stehen Bänke, von wo aus Sie einen schönen Blick auf den Spey mit seinen kleinen Geröllinseln und den vielen Wasservögeln haben.

2. Spey Bay - Fochabers

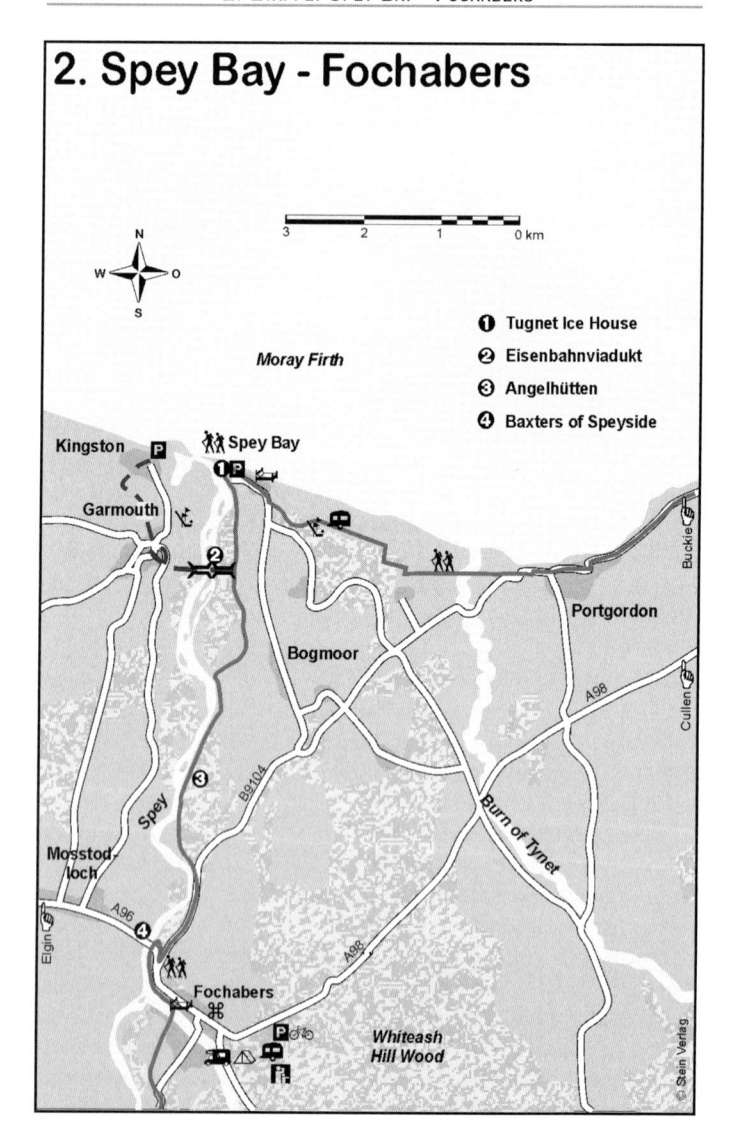

1. Tugnet Ice House
2. Eisenbahnviadukt
3. Angelhütten
4. Baxters of Speyside

Fochabers

- Gordon Arms Hotel, 80 High Street, Fochabers IV32 7DH,
  ☎ 01343/820508, FAX 01343/820300, 26 Betten, ÜF ab £ 40, ganzjährig
- **B&B** Mrs. Cruickshank, South View, 42 South Street, Fochabers, IV32 7ED,
  ☎ 01343/820478, ÜF £ 18, ganzjährig
- D. G. Christie, Burnside Caravan Site, Fochabers, ☎ 01343/820511.
  Der Platz liegt in einem Waldgelände im Osten Fochabers in unmittelbarer Nähe der A96 Richtung Keith.
- The Surgery, High Street, Fochabers, ☎ 01343/820247
- Institution Road, Fochabers, ☎ 01343/820222. Wenn der Posten nicht besetzt ist, rufen Sie in der Hauptstelle in Elgin unter ☎ 01343/543101 an.

Fochabers ist mit 1.500 Einwohnern heute einer der größten Orte entlang des Speyside Way. Bis zum Ende des 18. Jahrhunderts war es eine Ansiedlung, die direkt an die Mauern des etwa 1,5 km weiter nördlich liegenden **Gordon Castle** (für die Öffentlichkeit nicht zugänglich) grenzte. Als die Burg dann erweitert werden sollte, musste der Ort weichen. Fochabers erhielt an seinem neuen Platz eine rechtwinklige Straßenarchitektur, die heute noch weitgehend erhalten ist.

Erhalten sind auch noch viele Bauwerke aus der Neugründungszeit des Ortes vor 200 Jahren. Besonders im Zentrum um die Highstreet (A96) sind noch einige interessante Gebäude zu sehen. Die auf dem zentralen Platz (The Square) stehende, 1798 erbaute **Bellie Parish Church** wird von sehenswerten Häusern aus dieser Zeit flankiert.

Gebäude in Fochabers

⌘ Einen Besuch lohnt auch das **Fochabers Folk Museum**. Hier sind in einer ehemaligen Kirche an der High Street mehr als 4.000 Exponate zur Geschichte der Stadt ausgestellt. Unter anderem können Sie einen Laden und ein Wohnzimmer aus der Zeit von Königin Victoria sehen sowie Spielzeug, Uhren, Kutschen und vieles mehr.

- ◆ Fochabers Folk Museum, Pringle Church, High Street, ☎ 01343/673701, täglich 🗐 9:30 bis 13:00 und 14:00 bis 18:00 (im Winter nur bis 17:00)

Etwas außerhalb des Ortes, direkt an der Brücke der A96 über den Spey in Richtung Elgin, liegt das Besucherzentrum der **Lebensmittelfabrik Baxters of Speyside** ❹. Sie erreichen das Besucherzentrum auch direkt vom Speyside Way aus, wenn Sie an den Brücken über den Spey hier den Fluss Richtung Westen überqueren. Das Zentrum liegt unmittelbar hinter der Brücke auf der rechten Seite.

Baxters ist weit über Schottland hinaus für seine feinen Marmeladen und Suppen bekannt. Die Geschichte des heute in der vierten Generation betriebenen Familienunternehmens begann 1868, als George Baxter und seine Frau Margaret in Fochabers einen Lebensmittelladen eröffneten und dort auch selbstgemachte Marmeladen verkauften.

Heute können Sie in einer Tonbildshow die einzigartige Geschichte dieses traditionsreichen schottischen Familienunternehmens nacherleben, einen Rundgang durch die Fabrik machen, eine viktorianische Küche besichtigen oder einen Blick in einen Laden aus der Mitte des 19. Jahrhunderts werfen. Wenn Ihnen während der Besichtigungstour langsam Appetit kommt, können Sie Ihren Hunger im Restaurant stillen. Empfehlenswert sind die frisch zubereiteten Pfannkuchen.

- ◆ Baxters of Speyside, Fochabers IV32 7LD, ☎ 01343/820666, FAX 01343/821790, 🗐 täglich ganzjährig, Besichtigung nur werktags

↳ Winding Walks bei Fochabers

Vom Parkplatz an der A98 etwa 1,5 km östlich von Fochabers gibt es eine Reihe markierter Wanderwege, die sich im Wald um die Flanken des 264 m hohen **Whiteash Hill** winden. Wege und Brücken wurden Ende des vorigen Jahrhunderts vom Herzog von Gordon and Richmond zum Teil parkartig angelegt. Nach dem Ersten Weltkrieg verfielen sie zum Teil und wurden erst Ende der sechziger Jahre erneuert. 1972 wurden die Wege, die jeweils zwischen 2,5 und 5 km lang sind und sich kombinieren lassen, wieder eröffnet. Sie sind zum Teil auch als Fahrradrouten markiert.

Sie gelangen auf den *winding walks* u.a. zum bekannten Aussichtspunkt, **The Peeps**, von dem Sie einen wunderbaren Blick auf Fochabers haben, oder zur **Steinpyramide**, die 1889 zu Ehren des Herzogs von Richmond and Gordon errichtet wurde. Von hier haben Sie einen schönen Blick auf den Spey und die Küste.

3. Etappe: Fochabers - Boat o' Brig (9 km)

Sie starten im Westen Fochabers am Sportgelände unmittelbar am Ufer des Spey. Der Speyside Way führt zunächst weiter südwärts, bis Sie an den kleinen Zufluss **Burn of Fochabers** gelangen. Bis zur **Charlotte Street**, die nach links ins Zentrum Fochabers führt, wandern Sie parallel zum Burn of Fochabers. Dort biegen Sie rechts über die Brücke in die West Street ein. Die **West Street** endet in einem Rondell. Der Speyside Way führt hier weiter auf einem kleinen, unbefestigten Weg Richtung Südwesten. Links liegt das Gelände der **Miln's High School**.

Über einen steilen Abstieg gelangen Sie an einen kleinen Bach, der ebenfalls in den Spey mündet. Nun führt der Weg ein kleines Stück entlang des Baches in seinem schmalen, mit vielen Wildpflanzen bestandenen Tal. Ein sehr schöner, aber leider nur kurzer Streckenabschnitt.

Denn bald gelangen Sie schon wieder an eine asphaltierte, einspurige Fahrstraße, die Sie bis Boat o' Brig bringt. Glücklicherweise werden Ihnen auf dieser Straße kaum Autos begegnen. Dies liegt wohl zum Teil daran, dass es auf dem Streckenabschnitt drei Stellen gibt, wo die Steigung extrem groß ist und die Kurven in diesen An- bzw. Abstiegen sehr eng sind. Für normale Pkw eine abenteuerliche Fahrt.

Der Speyside Way führt nun meist durch Wald an einigen Farmgebäuden entlang. Bald gelangen Sie an einen links liegenden Parkplatz, von dem aus Mountainbike Trails und einige markierte Wanderwege in den **Slorach's Wood** abgehen.

Wenige Meter weiter liegt auf der rechten Seite ein kleiner Parkplatz. Von ihm führt ein Rundweg zu einem besonderen Aussichtspunkt, den Sie nach wenigen hundert Metern erreichen. Während die sogenannten **Earth Pillars**, durch

Blick auf das Tal des River Spey bei den Earth Pillars

Erosion entstandene Gesteinsformationen, von hier aus gesehen eher unspektakulär sind, ist der Ausblick aus großer Höhe auf das Tal des Spey mit dem ruhig dahinfließenden Fluss fantastisch.

Nach diesem Aussichtspunkt führt die Straße steil bergab in das Tal eines kleinen Baches, den Sie überqueren. Dahinter steht Ihnen ein steiler Anstieg bevor. Nun wandern Sie auf dieser Höhe weiter, bis Sie kurz vor Boat o' Brig wieder auf einem kurvenreichen, sehr steilen Abstieg zum Spey gelangen.

Im Tal überqueren Sie den **Burn of Mulben**, unterqueren die Bahnlinie und gelangen unmittelbar dahinter an einen rechts liegenden Parkplatz, wo Sie das Ziel der Etappe bei **Boat o' Brig** erreicht haben.

Wenn Sie sich jetzt nach einer Siedlung oder etwas ähnlichem umsehen, werden Sie enttäuscht sein. Boat o' Brig bezeichnet nämlich nur die Stelle, an der es eine Fähre über den Fluss gab. Ein Dorf gibt es hier nicht.

Sie können hier aber schon Ihre erste Whiskydestillerie besichtigen, wenn Sie die B9103 Richtung Keith parallel zur Bahn weiterlaufen. Nach gut 1,5 km

3. Etappe: Fochabers - Boat o' Brig

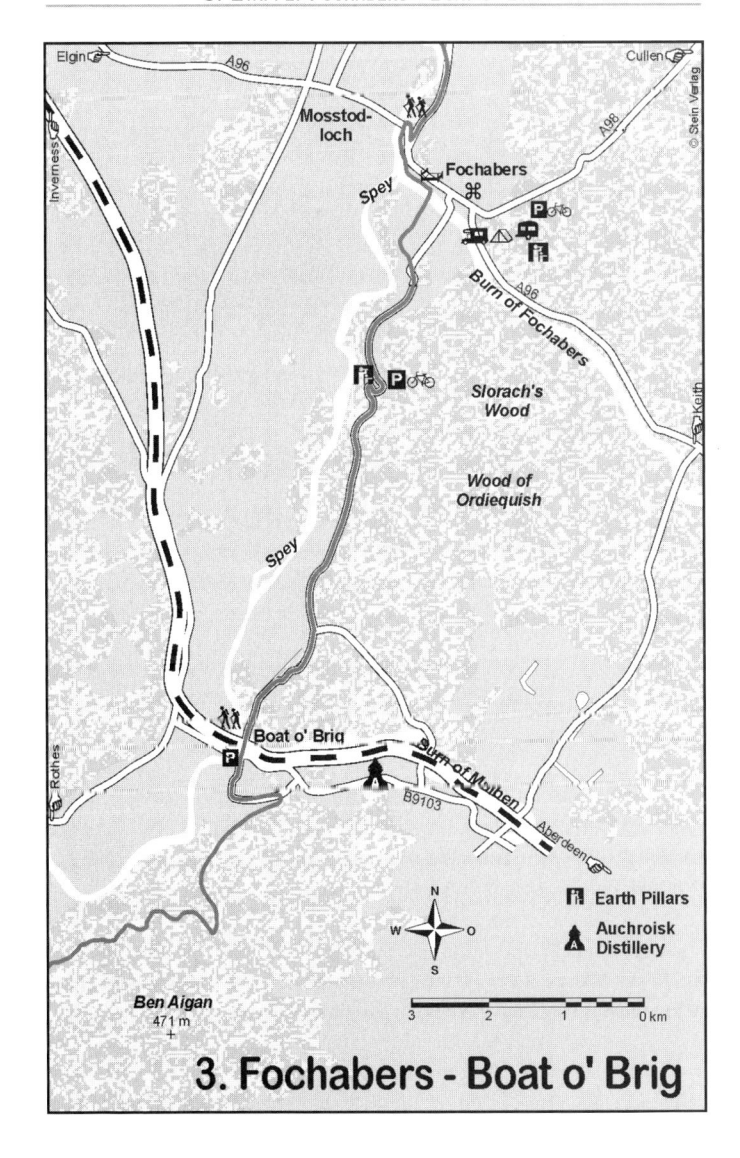

3. Fochabers - Boat o' Brig

erreichen Sie die **Destillerie Auchroisk** (= *Oichrosk*). Die Brennerei ist noch relativ jung, denn der erste Whisky wurde erst 1975 hergestellt. Beim Bau der Anlagen hat man sich an die klassische schottische Architektur gehalten, wofür es sogar eine Auszeichnung gab. Der Whisky wird in acht Brennblasen gebrannt und vorwiegend in Sherryfässern gelagert. Sein Malz wird nur leicht getorft und findet sich vor allem im Blend "J & B" wieder. Als "Singleton of Auchroisk" ist er aber als 10- bis 12jähriger auch als Single Malt erhältlich.

♦ Auchroisk Distillery, Mulben, Banffshire AB5 3XL, ☎ 01542/860333, ganzjährig an Werktagen 10:00 bis 16:00. Alle Besuche nur nach vorheriger Anmeldung.

Slorach's Wood

Slorach's Wood, der ein Teil des großen Waldgebietes von Ordiequish ist, das südlich von Fochabers liegt, bietet mehrere markierte Rundwanderwege zwischen 2,5 und 6 km Länge. Sie haben dort, vor allem von den höheren Lagen aus eine wunderbare Aussicht auf die Landschaft bis hin zum Moray Firth.

4. Etappe:
Boat o' Brig - Craigellachie (11,5 km)

Sie starten die vierte Etappe am Parkplatz bei Boat o' Brig unmittelbar an der Eisenbahnunterführung und gehen zunächst entlang der Straße in Richtung der Autobrücke über den Spey. Vor der Brücke, unmittelbar vor dem einzelnen Gebäude, zweigt nach links ein kleiner Pfad steil aufwärts auf eine dahinter liegende Farmstraße, auf der Sie zu einem Gehöft gelangen.

Dort müssen Sie wieder links gehen und nach etwa 500 m, kurz vor Erreichen des Waldes, rechts auf eine Forststraße einbiegen. Sie wandern nun auf der Forststraße zunächst am Rand des riesigen, den **Ben Aigan** flankierenden Waldgebietes (Woods of Knockmore) entlang und gelangen schließlich in den Wald selbst.

Der Weg führt Sie nun durch ständig wechselnden Wald. In den höheren Lagen prägen Kiefern und Lärchen das Bild. In tieferen Regionen werden diese

4. Boat o' Brig - Craigellachie

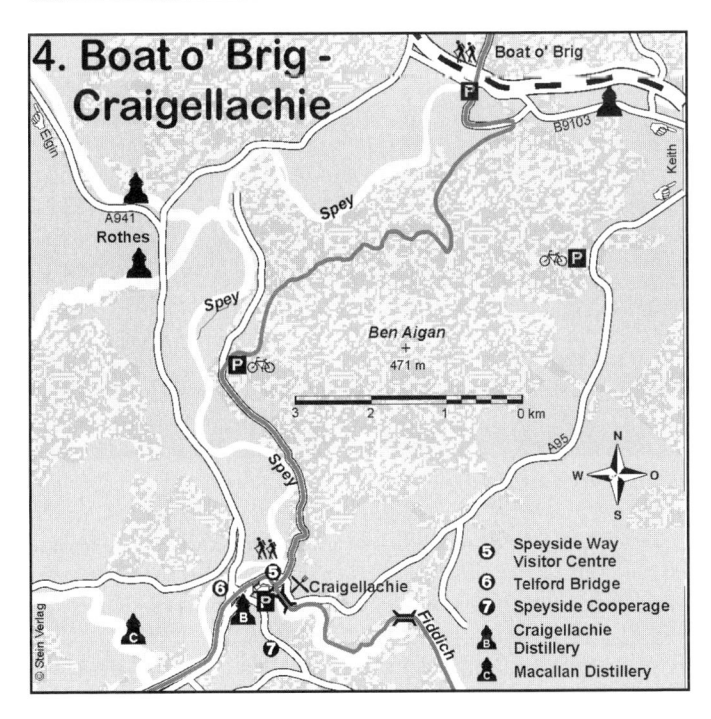

Karte:
- ❺ Speyside Way Visitor Centre
- ❻ Telford Bridge
- ❼ Speyside Cooperage
- B Craigellachie Distillery
- C Macallan Distillery

von Laubwald abgelöst, der besonders zum Ende der Etappe von mächtigen Eichen und vor allem Buchen gebildet wird. Zwischendurch haben Sie immer wieder schöne Ausblicke auf das tief unter Ihnen liegende Tal des Spey.

Gut 4 km vor dem Etappenziel - Sie haben jetzt mehr als zwei Drittel der Strecke hinter sich und der Speyside Way verläuft bereits seit geraumer Zeit wieder abwärts - treffen Sie an einem kleinen Parkplatz auf eine Asphaltstraße, die Sie weiter nach links gehen müssen. Vom Parkplatz aus führt ein Mountainbike Trail auf den Ben Aigan.

Der Wald lichtet sich jetzt mehr und mehr und riesige Eichen und Buchen bestimmen das Bild. Am Ende des Weges treffen Sie unmittelbar am **River Fiddich** auf die A95 und gehen rechts über die steinerne Fiddichbrücke, wenn Sie es nicht vorziehen, sich in dem direkt an der Brücke liegenden Fiddichside Inn zunächst mit einem Getränk zu erfrischen oder einer Mahlzeit zu stärken.

Blick auf Craigellachie

Hinter der Brücke gelangen Sie gleich links in den **Fiddich Park**, wo Sie nach wenigen Metern auf die Abzweigung des Speyside Way nach Dufftown treffen und an einen Parkplatz gelangen. Sie wenden sich nach rechts und unterqueren die A95. Hinter der Unterführung liegt rechts ein Gebäude, das bis Mitte 2005 das Speyside Way Visitor Centre beherbergte. Hier, an der Mündung des River Fiddich in den Spey im Norden von **Craigellachie**, haben Sie das Ziel der Etappe erreicht.

Craigellachie

- Craigellachie Hotel, Victoria Street, Craigellachie AB38 9SR,
  ☎ 01340/881204, FAX 01340/881253, 50 Betten, ÜF ab £ 65,
  🖥 www.craigellachie.com
- ♦ Highlander Inn, 10 Victoria Street, Craigellachie AB38 9SR,
  ☎ 01340/881446, FAX 01340/881520, 12 Betten, ÜF ab £ 32, ganzjährig,
  🚗, 🖥 www.milford.co.uk/go/highlanderinn
- **B&B** Mrs. B. Croy, Bridge View, Leslie Terrace, Craigellachie, ☎ 01340/881376,
  6 Betten, ÜF ab £ 20, April bis September, 🚗
- ♦ Mrs. V. Gun, Craigellachie Lodge, Craigellachie, ☎ 01340/881224,
  7 Betten, ÜF ab £ 22, März bis Oktober, 🚗

- Mrs. Donaghy, Strathspey, Victoria Street, Craigellachie AB38 9SR, ☏ 01340/871115, 7 Betten, ÜF ab £ 20, ganzjährig,
- Mrs. Johnston, 2 Victoria Street, Craigellachie AB38 9SR, ☏ 01340/871010, 4 Betten, ÜF ab £ 22, ganzjährig,

⚠ Auf der Wiese vor dem ehemaligen Besucherzentrum darf kostenlos gezeltet werden. Waschgelegenheiten und Toiletten befinden sich gegenüber im Fiddich Park (nur von April bis Oktober geöffnet).

Craigellachie, ein im viktorianischen Stil erbauter Ort, wurde terrassenförmig oberhalb des Zusammenflusses von River Fiddich und Spey angelegt. Die heute knapp 500 Einwohner zählende Gemeinde ist vor allem bei Lachsanglern beliebt.

Sehenswert ist auch die **Telford Bridge** ❻ über den Spey. Die Eisenkonstruktion wurde 1814 erbaut. An den beiden Brückenköpfen wachen jeweils zwei Wehrtürme aus Granit. Der Straßenverkehr fließt heute über eine moderne, zweispurige Brücke in der Nähe.

B&B-Unterkunft und Post Office in Craigellachie

☺ Etwas außerhalb des Ortes an der A941 Richtung Dufftown liegt die **Speyside Cooperage ❼**. Die Böttcherei, die seit drei Generationen im Familienbesitz ist und jährlich mehr als 100.000 Whiskyfässer herstellt bzw. repariert, wurde erst 1992 an dieser Stelle neu aufgebaut. Gleichzeitig eingeplant wurde ein modernes Besucherzentrum und eine Werkshallenbesichtigung. Hier können Sie alles über das alte Handwerk des Fassbinders lernen.

Fasslager

♦ Speyside Cooperage Ltd, Dufftown Road, Craigellachie AB38 9RS, ☎ 01340/871108, FAX 01340/881437, 🕒 Mo bis Fr 9:30 bis 16:30, zwischen Ostern und September auch Sa 9:30 bis 16:00, Eintritt Erwachsene £ 2, Kinder £ 1,50, Familienkarte £ 5

♠ Natürlich hat auch Craigellachie eine Destillerie, die fürs Publikum allerdings nicht geöffnet ist. Die **Destillerie Craigellachie** (= *kreh-gällachie*), die neben Single Malt vor allem Whisky zum Blenden produziert, steht im Süden des Ortes auf einem Felsvorsprung. Von hier haben Sie einen schönen Blick auf den Spey mit der Telford Bridge.

Die Whiskybrennerei wurde 1891 gegründet. Ihr Wasser stammt aus einer Quelle des Berges Little Conval (552 m), der im Westen von Dufftown liegt und einfach zu besteigen ist (☞ Etappe 4).

Die Destillerie war in den zwanziger Jahren für ihre sozialen Leistungen bekannt und die Mitarbeiter wohnten in firmeneigenen Häusern. Alljährlich wurde der am besten gepflegte Garten prämiert.

Auf der anderen Seite des Spey etwas Flussaufwärts bei Easter Elchies liegt die bekannte **Destillerie Macallan**, die nach Voranmeldung besichtigt werden kann. Bevor die Telford Bridge gebaut wurde, war die Furt bei Easter Elchies eine der wenigen Übergangsstellen über den Spey. Der Whisky, der von den Farmern hier zunächst schwarzgebrannt wurde, war bei den Durchreisenden sehr beliebt, und so ist es nicht verwunderlich, dass schon 1824 eine Lizenz erworben wurde. Macallan gehört damit zu den ältesten Destillerien in Schottland. Die Nachfrage nach Whisky aus dieser Brennerei ist so groß, dass sie in den letzten 40 Jahren ständig erweitert werden musste. Heute sind 21 allerdings recht kleine Brennblasen in Betrieb.

Weil die gesamte Produktion in Sherryfässern gelagert wird, gilt Macallan bei vielen Whiskyfreunden als "Rolls-Royce" unter den Single Malts und ist deshalb in Schottland einzigartig. Darüber hinaus werden viele ältere Jahrgänge angeboten, die zum Teil sehr wertvoll sind. So soll Anfang der neunziger Jahre ein Japaner einen 60 Jahre alten Whisky für fast £ 5.000 gekauft haben.

♦ Macallan Distillery, Craigellachie, Banffshire AB38 9RX, ☏ 01340/871471, ganzjährig, Besichtigung auf Anfrage

5. Etappe:
Craigellachie - Dufftown (7,5 km)

Die Strecke von Craigellachie in die Hauptstadt des Whiskies war von den Organisatoren des Speyside Way von vornherein als Abstecher geplant.

☺ Obwohl "nur" ein Abstecher, sollte man sich diese Etappe aber auf gar keinen Fall entgehen lassen, denn der Abschnitt auf der ehemaligen Trasse der Strathspey Railway gehört zu den schönsten des gesamten Wanderweges.

Der Weg verläuft die ganze Zeit im schönen **Glen Fiddich** (= Tal des Hirsches), dem Tal des gleichnamigen Flusses. Darüber hinaus ist dieser Streckenabschnitt besonders reich an Singvögeln und wildwachsenden Blütenpflanzen.

Nicht zuletzt lohnt sich auch ein Besuch des kleinen Hochlandortes Dufftown selbst. Und das nicht nur wegen der hier ansässigen sieben Destillerien.

Die Etappe beginnt am Speyside Way Visitor Centre. Sie wenden sich nach links und unterqueren die A95. Hinter der Brücke beginnt der Fiddich Park.

Sie stoßen auf die nach links führende Hauptstrecke des Speyside Way Richtung Spey Bay und gehen dort weiter durch den Park parallel zum River Fiddich. Am Ende des Parks gelangen Sie an eine Brücke, wo Sie den Fluss überqueren müssen.

Kurz hinter der Brücke kommen Sie an eine Straßenunterführung. Die über den Speyside Way führende Straße und Brücke werden seit Jahren nicht mehr genutzt und gepflegt. Dies hat zur Folge, dass sie inzwischen arg ramponiert ist und immer wieder kleinere Teile der Brücke auf den darunter führenden Weg fielen, wodurch Passanten gefährdet wurden.

Inzwischen wurde der Durchgang gesperrt. Ein geschlossenes Tor und Warntafeln weisen darauf hin. Der Wanderer wird vor der Brücke rechts auf einen kleinen Pfad, der zur Straße hochführt, geleitet. Hinter der Straße geht es runter und man befindet sich wieder auf der ehemaligen Bahntrasse.

Wegweiser kurz vor Dufftown

5. Etappe: Craigellachie - Dufftown

Glenfiddich Restaurant in Dufftown

Sie folgen nun der Trasse durch dichten Wald, bis Sie auf die **Newton Bridge** ⑧ stoßen, wo Sie erneut den River Fiddich überqueren. Von der Brücke haben Sie zu beiden Seiten schöne Ausblicke auf das Tal des Flusses. Sie gehen weiter sanft, aber stetig bergauf. Das Gelände wird offener, der Wald zieht sich zurück.

Links unter Ihnen fließt der Fiddich Richtung Spey. Hinter dem River Fiddich bietet sich Ihnen immer wieder ein wunderbares Panorama auf die hügeligen Wiesen und Wälder.

Kurz vor dem Ende der Etappe führt der Weg vom River Fiddich fort und wendet sich der A941, die Craigellachie mit Dufftown verbindet, zu. Das offizielle Ende dieser Etappe haben Sie dann an einem Park- und Picknickplatz kurz hinter der seit 1985 geschlossenen **Convalmore Distillery** unmittelbar neben der Straße erreicht.

(In Gegenrichtung: Wenn Sie von Dufftown kommen, weist auf der linken Seite der Straße, etwa 500 m nach der Glenfiddich Distillery, ein großes Holzschild nach rechts zum Startpunkt des Speyside Way.)

Vom Parkplatz aus sind es noch etwa 500 m südwärts bis zur **Glenfiddich Distillery**. Hier zweigt nach links die Straße zum **Balvenie Castle** ab. Geradeaus weiter kommen Sie nach etwa 1 km an das Touristenbüro im Clock Tower im Zentrum von **Dufftown**.

Dufftown

- Tourist Information Centre, Clock Tower, The Square, Dufftown AB55 4AD, ☏ 01340/820501. Nur während des Sommers ⌚ Mo bis Sa 10:00 bis 13:00 und 14:00 bis 17:00 sowie So 13:00 bis 17:00
- Fife Arms Hotel, The Square, Dufftown AB55 4AD, ☏ 01340/820220, FAX 01340/821137, 16 Betten, ÜF ab £ 22, ⌚ ganzjährig, 🚗
- ♦ Mrs. Rachel Bennet, Tannochbrae Guest House, 22 Fife Street, Dufftown AB55 4AL, ☏ 01340/820541. 11 Betten, ÜF ab £ 20, ⌚ ganzjährig, 🚗
- **B&B** Mrs. J. Fegan, Gleneman, 71 Balvenie Street, Dufftown AB55 4AB, ☏ 01340/820403, 4 Betten, ÜF ab £ 16, ⌚ ganzjährig, 🚗
- ♦ Mrs. S. Cameron, Davaar, Church Street, Dufftown AB55 4AR, ☏ 01340/820464, 6 Betten, ÜF ab £ 20, ⌚ ganzjährig, 🚗
- ♦ Mrs. M. Robertson, 11 Conval Street, Dufftown AB55 4AE, ☏ 01340/820818, 6 Betten, ÜF ab £ 16, ⌚ ganzjährig, 🚗
- ♦ Darüber hinaus gibt es im Ort und etwas außerhalb noch eine ganze Reihe weiterer B&B-Unterkünfte. Die Adressen erhalten Sie im Touristenbüro.
- ✚ Arzt im Health Centre, Stephen Avenue, ☏ 01340/820888
- ℞ Dalziel, 15 Balvenie Street, ☏ 01340/820228
- ✹ Hill Street, an der Ecke zur Balvenie Street, ☏ 01340/820222. Wenn der Posten nicht besetzt ist, rufen Sie unter ☏ 01343/543101 in Elgin an.
- 🛒 The Whisky Shop am Clock Tower hat günstige Angebote.

Dufftown wurde 1817 von James Duff, dem vierten Earl of Fife, gegründet. Der Ort hieß zunächst Balvenie und wurde erst später zu Ehren seines Gründers umbenannt. Dufftown liegt, ähnlich wie Fochabers, ein rechtwinkliger Straßenplan zugrunde. Die vier Hauptstraßen treffen jeweils im rechten Winkel am zentralen Platz (The Square) auf den schon von weitem sichtbaren **Clock Tower ❾**.

Dufftown gilt als **Hauptstadt des Malt Whiskys**. Ende des letzten Jahrhunderts gab es insgesamt sieben Destillerien im Ort oder an seiner Peripherie, was die

5. Craigellachie - Dufftown

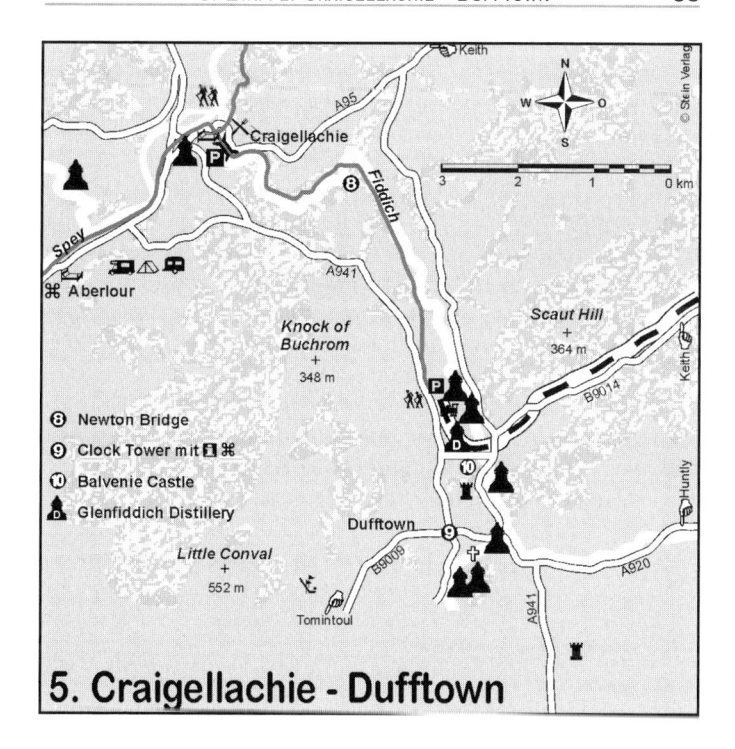

- ⑧ Newton Bridge
- ⑨ Clock Tower mit 🛈 ⌘
- ⑩ Balvenie Castle
- 🄳 Glenfiddich Distillery

Einwohner des Städtchens zu dem Spruch *"Rome was built on seven hills, Dufftown stands round seven stills"* inspiriert hat.

Im Laufe der Zeit wurden weitere gegründet und andere mussten schließen. So wurde z.B. im Jahre 1985 die bereits 1894 gegründete **Convalmore** Brennerei stillgelegt und Dufftown beherbergte nur noch sechs Destillerien. 1990 wurde dann eine neue Brennerei eingeweiht, die **Kininvie Distillery**, womit die Anzahl der Brennereien bis zum heutigen Tage wieder sieben beträgt.

🛆   Die einzige Brennerei Dufftowns, die ein Besucherzentrum hat und besichtigt werden kann, ist **Glenfiddich**. Glenfiddich ist außerdem Marktführer unter den Single Malts und weltweit am bekanntesten (☞ Einleitung, Whisky-Einmaleins, Herstellung von Malt Whisky).

Firmengründer William Grant kaufte, mit einem kleinem Startkapital seiner Frau, im Herbst 1886 ein Stück Land im Tal des River Fiddich und gebrauchte Geräte einer anderen Destillerie. Nach harter Arbeit ging für die Familie am Weihnachtstag des Jahres 1887 ein Traum in Erfüllung und der aller-erste Glenfiddich Whisky floss aus den Brennblasen. Das kristallklare Wasser aus der Quelle "Robbie Dhu", die Gerste, die reine Luft der Highlands und die ungewöhnlich kleinen Brennblasen brachten einen unübertrefflichen Single Malt Scotch Whisky hervor - wie es sich William Grant erhofft hatte. Heute ist Glenfiddich zum beliebtesten Single Malt Scotch Whisky geworden, der überall auf der ganzen Welt geschätzt wird. Neben der besonderen Qualität des Whiskys lag es auch daran, dass Glenfiddich der erste Malt war, der dem Verbraucher bereits in Flaschen abgefüllt angeboten wurde.

Bei der Abfüllung spielt Glenfiddich auch heute noch eine besondere Rolle. Neben der in Campbeltown (auf der Halbinsel Kintyre in Westschottland) ansässigen Destillerie Springbank ist Glenfiddich der einzige Malt, der noch auf dem Gelände der Destillerie abgefüllt wird.

Dabei ist für die Qualität des Whiskys nicht unbedingt der Umstand entscheidend, dass er in der Destillerie abgefüllt wird. Entscheidend ist vielmehr, dass der Whisky beim Abfüllen noch auf Trinkstärke verdünnt werden muss. Und das kann bei Glenfiddich mit dem gleichen Wasser erfolgen, das auch zum Brauen verwendet wird. Dieses Wasser stammt aus der Quelle **Robbie Dhu**, die in der Nähe der Destillerie entspringt.

Wie viel Wert auf Qualität und Verfügbarkeit des Wassers gelegt wird, zeigt sich auch daran, dass die Quelle sowie ein riesiges Areal um sie herum von *William Grant & Sons* gekauft wurde. Damit ist sichergestellt, dass die Destillerie auf Qualität und Menge des wichtigen Bestandteils Wasser den größtmöglichen Einfluss hat.

Bis 1963 war Single Malt Whisky eigentlich nur in Schottland bekannt. William Grant & Sons waren damals die ersten, von der Konkurrenz noch mitleidig

5. Etappe: Craigellachie - Dufftown

Besuchereingang der Glenfiddich Distillery in Dufftown

belächelt, die den Schritt wagten und ihren Single Malt exportierten. Zunächst nur über die südliche "Landesgrenze" nach England und nach dortigen Erfolgen dann auch weltweit. Heute erhält man die meisten schottischen Single Malts problemlos auch außerhalb Schottlands.

Glenfiddich war auch die erste Destillerie, die ein Besucherzentrum einrichtete. Heute kommen jährlich weit über 120.000 Besucher, um sich die Geheimnisse der Whiskyproduktion zeigen zu lassen. Betreut werden sie von bis zu 50 Führern, die die Besucher durch die Anlagen geleiten (die Führungen werden in zehn verschiedenen Sprachen angeboten).

Neben dem Rundgang durch die Produktionsstätten und dem *Tasting* (Probeschluck Glenfiddich) in der ehemaligen Malzscheune ist besonders die Multivisionsshow beeindruckend, die in sechs Sprachen (Englisch, Französisch, Deutsch, Italienisch, Japanisch und Spanisch) in die Geschichte des Hauses Grant sowie in die Produktion des Whiskys einführt.

Die Destillerie ist heute immer noch, inzwischen in der fünften Generation, in Familienbesitz. Das ist für einen Industriezweig, der sich durch immer stärkere Konzentration der über 100 schottischen Brennereien in nur wenigen Großunternehmen auszeichnet, bemerkenswert. Die Destillerie von Glenfiddich liegt unmittelbar an der nach Craigellachie führenden Straße etwa 1,5 km vom Clock Tower entfernt.

♦ Glenfiddich Distillery, Dufftown AB55 4DH, ☎ 01340/820373, Mo bis Fr 9:30 bis 16:30, zwischen Ostern und Mitte Oktober auch Sa 9:30 bis 16:30 und So 12:00 bis 16:30, Eintritt frei

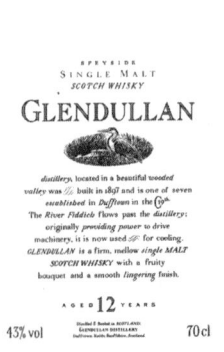

🧍 Im Osten der Stadt liegt die **Destillerie Glendullan**. Im Jahre 1897 gegründet, ist Glendullan die letzte im 19. Jahrhundert in Dufftown gegründete Destillerie. Sie war die siebte und damit der Anlass für den vorher genannten Spruch.

🧍 Die **Destillerie Mortlach** liegt an der Einmündung der von Keith kommenden B9014 in die A941. Mortlach ist die älteste Destillerie (1823 gegründet) im Ort. Im Zweiten Weltkrieg gehörte sie zu den ganz wenigen Brennereien in Schottland,

5. Etappe: Craigellachie - Dufftown

die Whisky produzieren durften. Der heutige Standort war im Jahre 1010 Schauplatz einer Schlacht zwischen den Schotten unter Malcom II. und den Dänen, die besiegt wurden.

🍸 Die **Destillerien Dufftown Glenlivet**, **Pittyvaich** (= *Pitti-wäch*) und **Balvenie** (= *Bol-wenni*) vervollständigen die zur Zeit in Dufftown ansässigen Whiskyfabriken. Bemerkenswert ist die 1892 neben Glenfiddich erbaute **Destillerie Balvenie**. Sie ist eine der wenigen Brennereien in Schottland, die noch selber mälzen. Sogar das Getreide wird zum Teil noch auf eigenen Feldern angebaut. Der Torf zum Feuern der Malzdarre stammt aus der Region. Er wird mit der Hand gestochen. Die Brennblasen werden durch Heizschlangen von innen beheizt, wobei die Abwärme von Glenfiddich genutzt wird. Leider ist weder die Brennerei noch die Mälzerei für die Öffentlichkeit zugänglich.

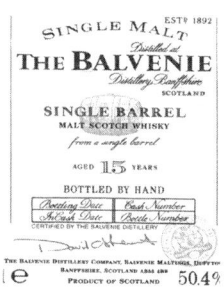

Wer nun aber denkt, dass es außer dem "Lebenswasser" in dem 1.700-Seelen-Ort nichts zu sehen gibt, der irrt - denn auch dem Abstinenzler hat Dufftown eine Menge zu bieten.

Ganz in der Nähe von Glenfiddich steht die Ruine von **Balvenie Castle** ⓫. Die ehem. Burg stammt aus dem 13. Jh. und kann auf eine wechselvolle Geschichte zurückblicken. Neben König Edward I. von England beherbergte sie u.a. Mary, Königin der Schotten, und den mächtigen Marquis von Montrose. Über viele Jahre war sie eine der wichtigsten Burgen der Stewarts.

♦ Balvenie Castle, 📞 1. April bis 30. September Mo bis Sa 9:30 bis 18:30, So 14:00 bis 18:30, Eintritt Erw. £ 2,50, Kinder/Sen. £ 1/1,90

✝ Die **Mortlach Parish Church** geht wahrscheinlich auf eine Gründung des Heiligen Moluags, einem Zeitgenossen von St. Columba, dem bedeutendsten Missionar Schottlands, aus dem Jahre 566 zurück. Die Kirche selbst ist zwar noch sehr jung - sie wurde erst 1876 erbaut und dann 1931 nochmals erweitert -, erhalten sind aber noch einige sehr viel ältere Gebäudeteile und viele Relikte, die zum Teil tausend Jahre und älter sind.

Clock Tower in Dufftown

♦ Mortlach Parish Church, 🕐 Ostern bis Oktober täglich 10:00 bis 16:00 mit Ausnahme der Gottesdienste, Eintritt frei

⌘ Das **Dufftown Museum** befindet sich im Clock Tower. Gezeigt werden im Wesentlichen Exponate, die mit Whisky in Zusammenhang stehen. Darüber hinaus wird hier dem größten Sohn der Stadt gehuldigt: Lord Mount Stephen, der in Kanada Mitgründer und erster Präsident der Canadian Pacific Railway wurde.

Der **Clock Tower** wurde 1839 fertiggestellt, diente zunächst als Gefängnis und dann als Rathaus. Heute beherbergt er das 🛈 Touristeninformationsbüro und das kleine Museum. Um die Uhr des Turmes, die lange Zeit Turmuhr in Banff, einem 4.000 Einwohner zählenden Städtchen am Moray Firth, gewesen ist, rankt sich eine makabre Geschichte.

ä Dufftown Museum, Clock Tower, The Square, ☏ 01309/673701. 🕐 April bis Oktober täglich bis auf So, Juni bis September zusätzlich So. Die genauen Öffnungszeiten können Sie im Touristenbüro erfragen, Eintritt frei.

The Clock that hanged McPherson

Vor etwa 300 Jahren lebte in der Gegend um Banff ein gewisser Mac Pherson of Kingussie. Er soll so etwas wie die Miniaturausgabe des englischen Robin Hood gewesen sein. Er beraubte die Reichen und verschenkte die Beute an die Armen. 1700 wurde er gefasst und in Banff zum Tode verurteilt. Die Bevölkerung, bei der der Räuber sehr beliebt war, erreichte beim König in letzter Minute eine Begnadigung.

Als Lord Braço, der Sheriff von Banff, davon Wind bekam, stellte er die Turmuhr um eine Stunde vor. MacPherson wurde gehenkt. Kurz nach seinem Tode traf der königliche Bote mit der Begnadigung ein, zwar in der Zeit, aber für den armen MacPherson leider zu spät. Seit dieser Zeit heißt die Uhr nur noch: the clock that hanged MacPherson. Später wurde die Uhr in Banff abgebaut und in Dufftown im Clock Tower installiert.

🚂 Ein interessantes Projekt wird seit einigen Jahren von ehrenamtlichen Eisenbahnfreunden durchgeführt: Im Gegensatz zur ehemaligen Bahnverbindung, die von Craigellachie nach Dufftown führte und deren Schienen völlig abgebaut sind, sind die Gleise und Anlagen der Strecke von Dufftown nach Keith noch erhalten. Dank des Einsatzes der vielen freiwilligen Helfer konnte die Strecke im Jahr 2001 wieder eröffnet werden. Heute wird die Linie vornehmlich an Wochenenden im Sommer als Museumseisenbahn betrieben. Fahrplan und Tarifauskunft im Internet unter 🖵 www.keith-dufftown.org.uk.

Etwa 2 km südöstlich von Dufftown an der A941 liegt unterhalb des Ben Main auf einem Hügel die Ruine von **Auchindoun Castle**. Wegen Baufälligkeit darf die Ruine nicht betreten werden. Man bekommt aber auch von außen einen guten Eindruck von dem Bauwerk. Der Zugang erfolgt von der A941 über eine Zufahrt zu einer Farm, die für normale Autos aber ungeeignet ist. Parken Sie lieber an der Hauptstraße und gehen Sie die kurze Strecke zu Fuß.

🚶 Dufftown bietet in seiner näheren Umgebung verschiedene lohnende Ziele, die sich für kürzere oder längere Wanderungen abseits des Speyside Way eignen:

✤ Rundwanderwege

An der Peripherie des Ortes sind einige Rundwanderwege markiert worden, die zwischen einer halben und gut einer Stunde lang sind. Informationen erhalten Sie im Touristenbüro.

✤ Ben Rinnes

Bei klarem Wetter sollten Sie sich auf keinen Fall einen Aufstieg auf den **Ben Rinnes**, den mit 840 m höchsten Berg entlang des Speyside Way, entgehen lassen. Der mächtige, dreigipflige Berg mit seinem langen, aus der Ferne blauen Granitrücken ist während eines großen Teils der Wanderung entlang des Speyside Way und fast überall von der Küste Morays zu sehen. Ben Rinnes liegt etwa 7 km südwestlich von Dufftown.

Der Aufstieg ist für trainierte Bergwanderer kein Problem. Für untrainierte Wanderer kann er aber schon, vor allem auf den sehr steilen letzten 300 Höhenmetern, eine echte Herausforderung sein.

Der direkte Aufstieg erfolgt von einer unbezeichneten Straße aus, die die B9009 (Dufftown-Tomintoul) über Edinvillie mit der A95 (Aberlour-Grantown-on-Spey) verbindet. Leider gibt es kein öffentliches Verkehrsmittel, das zum Ausgangspunkt der Bergwanderung fährt.

Von Dufftown kommend müssen Sie von der nach Tomintoul führenden Straße nach etwa 6 km rechts Richtung Edinvillie abbiegen und den kleinen Pass zwischen Ben Rinnes und Meikle Conval hochfahren. An der höchsten Stelle des Passes, nach gut 500 m, sehen Sie links ein Gatter und eine Informationstafel. Hier beginnt der Aufstieg.

☺ Der Weg ist etwa 9 km lang (hin und zurück) und insgesamt müssen 530 Höhenmeter überwunden werden. Fast immer weht ein schneidend kalter Wind, der vor allem im Gipfelbereich meist Sturmstärke erreicht. Denken Sie also unbedingt an warme Kleidung. Ebenso benötigen Sie für das Wandern durch die nassen torfigen bzw. rauen felsigen Abschnitte feste Wanderschuhe oder -stiefel. Es kann auch nicht schaden, wenn Sie Kompass und Karte auch bei vermeintlich gutem Wetter mitnehmen. Das Wetter kann schnell umschlagen und leicht hat man sich im Nebel verlaufen.

Sie gehen zunächst auf einem mit grobem Schotter befestigten Fahrweg über **Round Hill** (411 m) bis zum **Roy's Hill** (535 m). Hier liegt nun der Gipfel in seiner vollen Größe vor Ihnen. Zunächst führt der Pfad durch eine leichte Senke, bis Sie den Fuß des Berges erreichen. Von nun an geht es die restlichen 300 Höhenmeter bis zum Gipfel steil bergan, zunächst durch torfiges Gelände, wo Sie sich vor allem nach Regenfällen leicht nasse Schuhe holen können. Der Torf weicht aber schnell felsigem, zum Teil mit dichter Heide bewachsenem Untergrund, der bis zum Gipfel reicht.

Oben angekommen befinden Sie sich auf dem Scurran of Lochterlandoch, dem östlichen und höchsten Gipfel von Ben Rinnes. Der Gipfel sieht durch seine bizarren Granitformationen wie eine mittelalterliche Burg aus. Weiter im Westen, etwas unter Ihnen, liegt der zweite Gipfel Scurran of Morinsh, der über einen einfachen Pfad leicht zu erreichen ist. Nördlich davon befindet sich der dritte Gipfel: Scurran of Well. Seine Felsformationen sind noch bizarrer als die des höchsten Gipfels.

Während des gesamten Anstiegs und natürlich vom Gipfel selbst haben Sie an klaren Tagen einen wundervollen Rundblick weit in die schottische Landschaft hinein und Sie könnten glauben, halb Schottland liegt Ihnen zu Füßen. Sie überblicken weite Strecken des gesamten Speyside Way von der Küste Morays im Norden bis hin zu den Cairngorm Mountains im Süden.

✌ Little Conval und Meikle Conval

Wenn Sie nicht ganz so hoch hinauswollen, können Sie auf die beiden kleineren Berge **Little Conval** (552 m) oder **Meikle Conval** (571 m) steigen. Sie liegen nur wenig südwestlich von Dufftown. Der einfachste Zugang ist von der B9009 Richtung Tomintoul, wo kurz hinter dem Golfplatz von Dufftown, etwa in Höhe der Hochspannungsleitung, ein Weg parallel zu dieser zu einem Pass zwischen den beiden Bergen ansteigt. Beide Berge können von Dufftown aus gemeinsam in einer Tageswanderung erreicht werden.

✋ Wer von Dufftown nicht zurück nach Craigellachie laufen will kann den Bus, der fast stündlich vom Clock Tower bis Craigellachie fährt, nehmen. Der Fahrplan ist unter: 🖥 www.travelinescotland.com einzusehen.

6. Etappe: Craigellachie - Aberlour (3,5 km)

Startpunkt zur sechsten Etappe ist am Gebäude des ehemaligen Speyside Way Visitor Centre. Sie wenden sich nach rechts und gehen nun auf einer ehemaligen Bahntrasse Richtung Südwesten. Der Spey macht hier eine Schleife und führt ein kleines Stück vom Weg fort. Nach kurzer Zeit gelangen Sie an einen Tunnel, der an eine riesige Röhre erinnert. Hier unterqueren Sie die Hauptstraße. Hinter dem Tunnel können Sie rechts hinten die Telford Bridge sehen.

Die Schleife des Spey nähert sich nun wieder dem Weg. Hinter dem Fluss liegt die Macallan Distillery (☞ Etappe 4). Im Spey können Sie Angler beobachten, die - wasserdicht verpackt in brusthohen Wathosen - auf Lachse aus sind. Sie passieren einen kleinen Tunnel, der für die ehemalige Eisenbahn gebaut wurde, und kommen an die ersten Gebäude von Aberlour.

Auf der linken Seite hinter einem Schrottplatz können Sie die Keksfabrik **Walkers Shortbread** ⓫ erkennen. Kurz darauf sehen (und manchmal riechen) Sie die rechts liegende Kläranlage.

Das Etappenziel haben Sie am ehemaligen Bahnhof des Ortes erreicht, in dem seit 2005 das Speyside Way Visitor Centre untergebracht ist.

◆ Archiestown Hotel, Archiestown, AB38 7QL, ☎ 01340/810239, ÜF ab £ 40, 🛏 ganzjährig

Aberlour

- Aberlour Hotel, High Street, Aberlour AB38 9QB, ☎ 01340/871207, 36 Betten, ÜF ab £ 15, ganzjährig,
- Dowans Hotel, Aberlour, ☎ 01340/871488, 29 Betten, ÜF ab £ 40, Februar bis Dezember,

B&B Mrs. Gammack, 83 High Street, Aberlour AB38 9QB, ☎ 01340/871000, 8 Betten, ÜF £ 17, ganzjährig,

- Mr. Henderson, The Haven, Mary Avenue, Aberlour, ☎ 01340/871205, 4 Betten, ÜF ab £ 18, ganzjährig,
- Darüber hinaus gibt es im Ort und etwas außerhalb noch eine ganze Reihe weiterer Unterkünfte. Die Adressen erhalten Sie im Speyside Way Visitor Centre oder in den Touristenbüros.

Aberlour Gardens Caravan Park, Aberlour AB38 9LD, ☎ 01340/871586, 60 Stellplätze, April bis Oktober

Arzt: ☎ 01340/871210

High Street, ☎ 01340/871222. Wenn der Posten nicht besetzt ist, rufen Sie unter ☎ 01343/543101 in Elgin an.

Aberlour Distillery

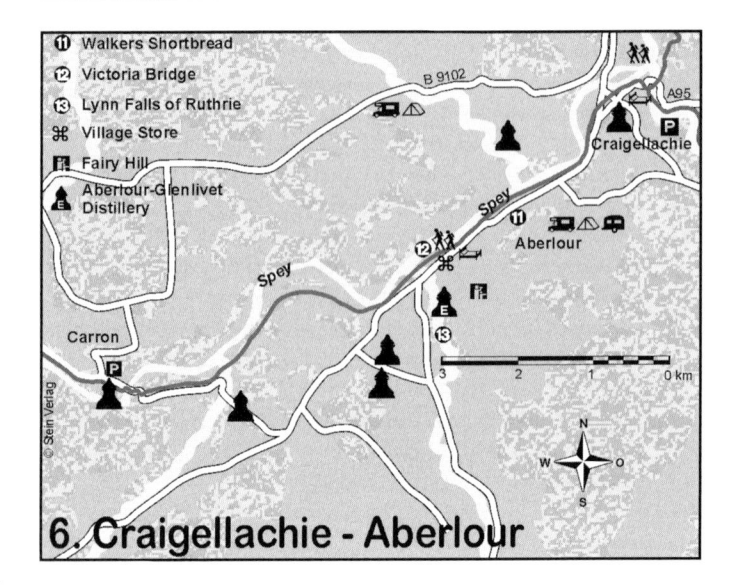

- ⑪ Walkers Shortbread
- ⑫ Victoria Bridge
- ⑬ Lynn Falls of Ruthrie
- ⌘ Village Store
- Fairy Hill
- Aberlour-Glenlivet Distillery

6. Craigellachie - Aberlour

Charlestown of Aberlour, wie der gut 900 Einwohner zählende Ort vollständig heißt, wurde 1812 durch den Gutsherrn Charles Grant of Wester Elchies gegründet, dessen Stammsitz auf der anderen Seite des Spey etwas flussaufwärts liegt. Zu Ehren des Gründers ist deshalb sein Vorname in der vollständigen Bezeichnung verewigt. Da die Schotten bekanntlich als sehr sparsam gelten, sind sie wohl auch mit Worten sparsam. Dies mag ein Grund dafür sein, dass heute fast nur noch die kurze Form "Aberlour" in Gebrauch ist.

Der Ort ist für die Region Speyside typisch. Wie in Fochabers und Dufftown liegt ein rechtwinkliger Straßenplan zugrunde. Die Straßen sind breit und von niedrigen Häusern mit schönen gepflegten Gärten umstanden. Vor Jahren hat der Ort einen Preis als schönste Stadt Schottlands gewonnen. Einen guten Eindruck davon erhält man bei einem Bummel durch die Straßen.

Mit dem Umzug des Speyside Way Visitor Centres von Craigellachie nach **Aberlour** hat der Ort eine neue Touristenattraktion erhalten. In dem ehemaligen, hübsch renovierten Bahnhof sind nicht nur die Ranger untergebracht, sondern es dient auch als Besucherzentrum, in dem man sich in einer Ausstellung über Natur, Kultur und Geschichte der Region umfassend informieren kann.

- Speyside Way Visitor Centre, Old Station Building, Aberlour, AB38 9QP, ☎ 01340/881266, 💻 www.moray.org/area/speyway/webpages/, 🕐 täglich von 10:00 bis 17:00

⌘ Am Square, dem zentralen Platz von Aberlour, liegt der **Village Store**. Der ehemalige Krämerladen, der erst 1978 geschlossen wurde, ist heute ein kleines Museum, wo Sie Waren aus dem Zeitraum zwischen 1920 und 1980 sehen können. Außerdem können Sie dort Andenken und kleinere Geschenke kaufen.

- The Village Store, The Square, ☎ 01340/871243, im Sommer 🕐 Mo bis Sa 9:30 bis 17:30, So 13:30 bis 17:30, im Winter Mo bis Sa 10:30 bis 16:00. Der Eintritt ist frei

Auf die andere Seite des Flusses zu dem Gut Wester Elchies führt eine sehenswerte Brücke für Fußgänger. Diese Brücke, die offiziell **Victoria Bridge** ⑫ heißt, wird von der einheimischen Bevölkerung "Penny Bridge" genannt. Diesen Spitznamen hat die Brücke dem Umstand zu verdanken, dass der damalige Gutsherr von Wester Elchies von jedem Benutzer der Brücke einen Brückenzoll verlangte.

Aberlour ist **Zentrum der Lachsfischerei**. Auf dem Streckenabschnitt entlang des Ortes gibt es zahlreiche gute Angelstellen. Vor Jahren soll hier ein Fisch gefangen worden sein, der über 22 kg wog und etwa 1,2 m lang war. Dieser Rekordfang wird nur von einem 1922 im Tay erbeuteten Fisch überboten. In den letzten Jahren sind allerdings die Fänge in Zahl und Größe im Spey und den anderen schottischen Flüssen deutlich rückläufig. Die Ursachen dafür sind nicht ganz klar, hängen zum Teil aber mit lokalen und globalen Umweltverschmutzungen sowie Eingriffen in die Lebensräume zusammen.

Auf jeden Fall beginnt dieser Rückgang sich bereits auf die Buchungszahlen in den Hotels entlang des Spey auszuwirken. Manche Angler, die früher von weither kamen und sogar aus Übersee anreisten, bleiben heute aus.

🍶 Natürlich hat auch dieser Ort seine Destillerie. Die **Aberlour-Glenlivet Distillery** (= *Aberlauer*) liegt direkt am Flüsschen Burn of Aberlour etwa 300 m von

Stills in der Aberlour Distillery

dessen Mündung in den Spey im Süden der Stadt an der A95. Die Brennerei wurde 1826 gegründet und brannte 50 Jahre später völlig aus. Im Jahre 1879 wurde sie wieder aufgebaut. Dieses Datum ist heute als Gründungsdatum auf den Etiketten vermerkt.

- Aberlour-Glenlivet Distillery, Aberlour AB38 9PJ, ☏ 01340/871204, ◪ April bis September, Besichtigung nur nach vorheriger Anmeldung, Eintritt frei

Damit nicht der Eindruck entsteht, dass in Schottland ausschließlich Whisky hergestellt wird, sei die in Aberlour ansässige **Keksfabrik Walkers Shortbread** erwähnt. Walkers ist die bekannteste Firma, die dieses traditionelle schottische Gebäck herstellt. Im Ort können Sie in einem kleinen Laden das in vielen Variationen angebotene Shortbread kaufen. Darüber hinaus findet hier derjenige, der Süßes mag, viele leckere Küchlein.

↳ Lynn Falls of Ruthrie ⑬

Ein kurzer Ausflug führt zu dem knapp 10 m hohen Wasserfall **Lynn Falls of Ruthrie** des Burn of Aberlour. Sie starten auf der Ostseite des Flüsschens direkt gegenüber der Aberlour-Glenlivet Distillery an der A95. Nach einem schönen Fußweg entlang des Flüsschens haben Sie nach ca. 15 Minuten den Wasserfall erreicht.

Wanderwege

Daneben gibt es eine Reihe weiterer Wanderwege in der Umgebung der Stadt. Besonders schöne Ausblicke auf Spey und Aberlour hat man von den Berghängen im Süden.

Ein besonders bekannter Aussichtspunkt ist **Fairy Hill**, von dem Sie einen guten Überblick über Aberlour und Spey haben.

7. Etappe: Aberlour - Carron (5,5 km)

Die siebte Etappe beginnt in Aberlour Speyside Way Visitor Centre. Auf der Trasse der ehemaligen Eisenbahn gehen Sie flussaufwärts. Es geht weiter durch mehr oder weniger offenes Gelände. Vom Weg aus haben Sie immer wieder schöne Blicke auf die Talaue des River Spey.

Blick in das Tal des ruhig dahinfließenden River Spey

7. Aberlour - Carron

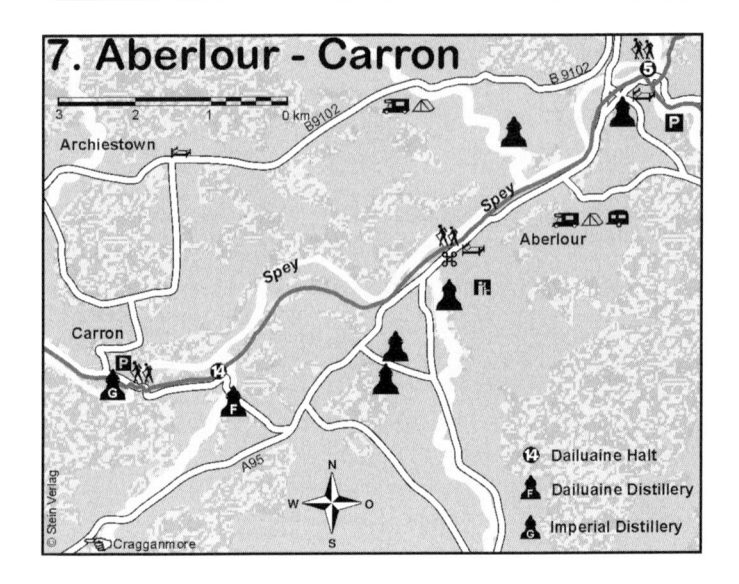

🏠 Nach etwa 4 km gelangen Sie an den Burn of Carron und bald dahinter an eine ehemalige Haltestelle der Bahn. Der kleine Haltepunkt **Dailuaine** ❶ ist zu einem Rastplatz mit Bänken und Tischen umgebaut worden. Der Ortsname kommt aus dem Gälischen und bedeutet "grünes Tal". Der Platz lädt nicht nur wegen der wunderbaren Aussicht zum Verweilen ein.

🍶 Nur wenige hundert Meter den Burn of Carron aufwärts liegt die **Destillerie Dailuaine** (= *dal-ju-en*) aus dem Jahr 1854. Neben einem guten Single Malt wird hier vor allem Whisky für den Blend "Johnnie Walker" hergestellt.

Von dem gemütlichen Rastplatz führt der Speyside Way weiter auf der Bahntrasse, bis Sie kurz vor Carron auf eine Straße treffen. Auf dieser überqueren Sie den Spey, der jetzt bis Ballindalloch auf Ihrer linken Seite liegt. Hinter der Brücke führt der Wanderweg parallel zur Straße und trifft bald auf den alten Bahnhof von Carron. Links befindet sich der Eingang zur Imperial Destillerie sowie ein Parkplatz. Hier haben Sie das Ziel der Etappe erreicht.

Carron

Carron ist ein kleines, verschlafenes Dorf, aus dem das Leben seit der Einstellung des Bahnbetriebs gewichen zu sein scheint. Der Bahnhof verfällt zusehends und wird nur noch als Lagerraum benutzt.

Natürlich hat auch dieser Ort seine Destillerie. Die 1897 gegründete **Imperial Distillery** ist allerdings für die Öffentlichkeit nicht zugänglich. Die Brennerei war in ihrer hundertjährigen Geschichte immer mal wieder außer Betrieb. Zuletzt von 1985 bis 1989. Heute wird der Whisky in vier Brennblasen destilliert und fast ausschließlich in Scotch Blends verwendet.

Unabhängige Abfüller wie Cadenhead bieten ihn unter anderen Namen als Single Malt Whisky an. Die kanadischen und japanischen Marken "Imperial" stehen für Whisky-Blends und haben nichts mit dieser Destillerie zu tun.

Die Brennerei in Carron gehörte zu den ersten Destillerien überhaupt, die den Getreideabfall als Viehfutter weiterverkaufte.

Knapp 4 km nördlich von Carron an der B9102 liegt das kleine Städtchen **Archiestown**. Der 160 Einwohner zählende Ort ist das größte Dorf in der Gemeinde **Knockando**, zu der auch Carron gehört. In der Gemeinde liegen Destillerien mit so bekannten Single Malts wie Cardhu, Tamdhu oder Knockando (☞ Etappe 8).

Archiestown selbst ist eigentlich nur wegen der dort vorhandenen Übernachtungsmöglichkeit im relativ preiswerten Hotel interessant. Das aus dem Jahre 1900 stammende Hotel ist unter Anglern sehr beliebt und bietet gute Fischgerichte zu vernünftigen Preisen an.

Archiestown Hotel, The Square, Archiestown, Moray AB38 7QL, ☎ 01340/810218, FAX 01340/810239, 14 Betten, ÜF £ 40, ganzjährig,

Einen interessanten Service bietet das Ben Rhinnes View Guesthouse mit dem sog. **Speyside Way Walker's Holiday Package**. Für £ 45 pro Tag bekommen Sie neben der Übernachtung in komfortablen Zimmern ein Frühstück, ein Lunchpaket für den Tag sowie ein 3-Gänge-Abendessen. Darüber hinaus werden Sie jeden Tag morgens zu Ihrem Etappenstart gefahren und abends wieder am Zielort abgeholt.

- Ben Rhinnes View Guesthouse, 11 High Street, Archiestown, AB38 7QL, ☏ 01340/810201, ganzjährig

8. Etappe: Carron - Ballindalloch (10,5 km)

Sie starten am Eingang zur Imperial Destillerie in Carron. Der Weg führt auf der alten Bahntrasse Richtung Nordwesten. Sie passieren am Rande der Straße die Destillerie. Bald darauf kommen Sie an einigen alten grauen Mietshäusern vorbei. Der Speyside Way führt nun stetig leicht bergauf. Der Untergrund ist fest und trocken. Immer wieder haben Sie herrliche Ausblicke auf den unter Ihnen ruhig dahinfließenden River Spey.

Nach knapp 4 km erreichen Sie die **Knockando Distillery** (= *nockan-du*). Lange bevor Sie die Gebäude sehen, können Sie die Brennerei schon an dem charakteristischen, unverwechselbaren Geruch einer Mischung aus Whisky und süßlichen Getreidearomen erkennen.

Die Single Malts entstehen in vier Stills und sind insofern ungewöhnlich, als auf dem Etikett der Flaschen das Destillations- sowie das Abfülljahr angegeben werden.

Nur etwa 100 m weiter gelangen Sie an den alten Bahnhof von Knockando und die **Destillerie Tamdhu**. Verschiedentlich kommt ein achtjähriger Malt Whisky auf den Markt, aber vor allem findet er Verwendung in dem Blend "The Famous Grouse".

8. ETAPPE: CARRON - BALLINDALLOCH

Ehemaliger Bahnhof in Tamdhu

Der Speyside Way verläuft hier genau zwischen den ehemaligen Bahnsteigen hindurch. Das im viktorianischen Stil gebaute Bahnhofsgebäude ist hübsch renoviert und diente noch bis vor kurzem als Besucherzentrum der Destille. Es ist u.a. aus Sparmaßnahmen inzwischen geschlossen worden. Nach Auskunft der Geschäftsleitung wird zur Zeit auch nicht daran gedacht, es wieder zu öffnen.

Cardhu Distillery

Nur wenig nördlich an der B9102 liegt zwischen Knockando und Cardow eine weitere bekannte Brennerei. Die **Cardhu Distillery** (= *Kah-du*) wurde 1874 erbaut. Sie kann besichtigt werden und hat ein attraktives Besucherzentrum. Außerdem ist sie eine der sieben Brennereien,

8. Carron - Ballindalloch

- ⑮ Ballindalloch Station
- ⑯ Ballindalloch Castle
- 🏭 Knockando Distillery
- 🏭 Tamdhu Distillery

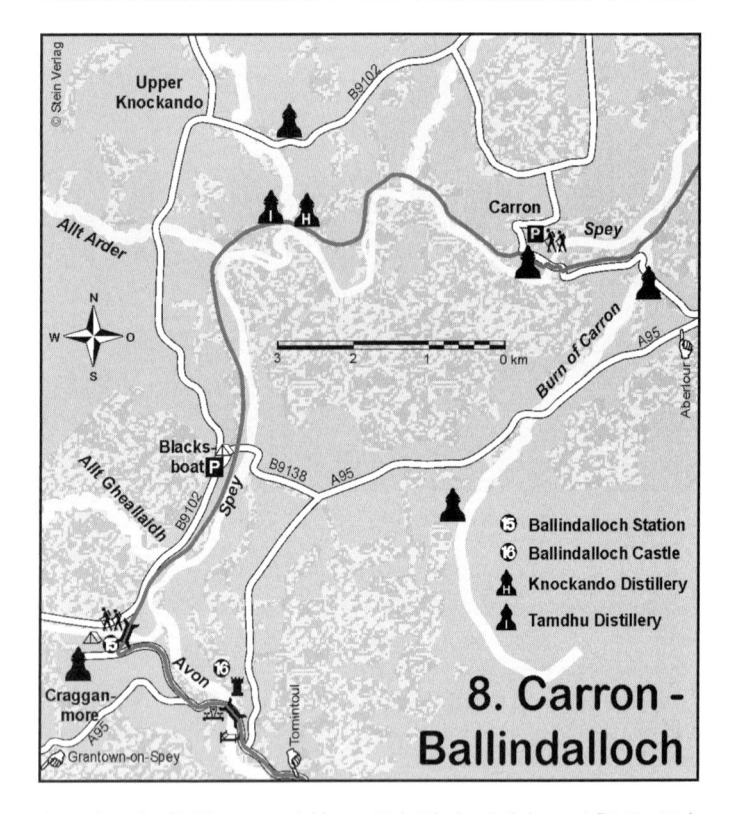

die entlang des für Pkw ausgeschilderten Malt Whisky Trails liegen (☞ Der Malt Whisky Trail mit dem Auto). Der Whisky ist als Single Malt erhältlich, findet aber vor allem in "Johnnie Walker" Verwendung.

Von Tamdhu verläuft der Speyside Way weiter auf der ehemaligen Bahntrasse, jetzt stetig bergab. Kurz vor Blacksboat - Sie befinden sich wieder auf der Höhe des Flusses - unterqueren Sie die B9138, die auf die andere Seite des Spey führt.

Gleich hinter der Unterführung kommen Sie an einem Parkplatz an den alten Bahnhof von **Blacksboat**. Hier wurde ein netter Rastplatz mit Bänken und Tischen eingerichtet. Blacksboat selbst ist nur eine kleine Ansammlung weniger Häuser.

Camper auf dem Gelände des alten Bahnhofs Blacksboat

⚠ Camper können auf dem Gelände des alten Bahnhofs ihr Zelt aufschlagen. Bis auf eine einfache Wasserstelle gibt es keine sanitären Anlagen.

Von Blacksboat führt der Speyside Way weiter dicht am Ufer des River Spey entlang. Sie wandern weiter durch schonen Bruchwald mit Birken und Erlen

Nach gut 2 km erreichen Sie die eindrucksvolle Eisenbahnbrücke der ehemaligen Bahnlinie über den Fluss. Die Brücke wurde inzwischen eigens für Wanderer und Radfahrer hergerichtet. Die im Jahre 1863 erbaute Eisenkonstruktion gilt heute wegen ihrer besonderen Bauweise als historisches Denkmal.

Hinter der Brücke gelangen Sie an das alte Bahnhofsgebäude von Ballindalloch ⓯. Hier haben Sie für diesen Tag das Ziel der achten Etappe erreicht.

Ballindalloch

🛏 Mr. & Mrs. D. M. Ogden, Delnashaug Inn, Ballindalloch AB37 9AS, ☏ 01807/500255, FAX 01807/500389, 18 Betten, ÜF ab £ 30, ☐ ganzjährig

Das Hotel liegt an der A95 kurz hinter der Brücke über den Avon direkt an dessen Ufer. Die nächste Etappe führt unmittelbar am Hotel vorbei. Vom Etappenziel in Ballindalloch sind es etwa 2,5 km bis hierhin.

B&B Cragganmore House, Ballindalloch, AB37 9AB, ☏ 01807/500359, ÜF ab £ 25. Das sehenswerte, im viktorianischen Stil gebaute Haus liegt direkt am Speyside Way. Es wurde 1867 vom Gründer der Cragganmore Distillery errichtet.

♦ Der alte Bahnhof von Ballindalloch dient jetzt als Selbstversorgerunterkunft, die an Gruppen von bis zu 16 Personen vermietet wird. Die Mindestaufenthaltsdauer beträgt 3 Tage. Bei Interesse wenden Sie sich an schriftlich an Seretaray, Speyside Way, Ballindalloch, by Cragganmore, AB37 9AB.

⚠ Sie können Ihr Zelt unmittelbar am alten Bahnhof von Ballindalloch aufstellen. Im Sommer können Toiletten genutzt werden und Wasser steht zur Verfügung.

🚉🍴🛒 Der Laden (Lebensmittel, Zeitschriften usw.) liegt an der A95 an der Brücke über den Avon. ⏱ Mo bis Sa 7:30 bis 17:30, So 9:00 bis 14:00

Alte Bridge of Avon mit Porters Lodge bei Ballindalloch

Ballindalloch ist keine Siedlung oder Stadt. Es bezeichnet vielmehr das Gebiet um den Zusammenfluss von River Avon und Spey. Mittelpunkt der Region ist das **Ballindalloch Castle**. Seit früher Zeit hat der Zusammenfluss von Spey und Avon eine gewisse verkehrstechnische Bedeutung, weil es hier aus dem Tal des Spey einen natürlichen Zugang über Glenlivet und Tomintoul bis in die östlichen Berge der Cairngorms gibt.

Die hier entstandene kleine Ortschaft **Cragganmore** hat außer der obligatorischen Destillerie nichts zu bieten. Die 1869 gegründete **Cragganmore Distillery**, (= *craggan-mor*) die nicht zu besichtigen ist, hatte als eine der ersten einen Anschluss an die Eisenbahn. "Cragganmore" ist als 12 Jahre alter Single Malt in der Reihe "Classic Malts" erhältlich.

Einen Besuch lohnt das **Ballindalloch Castle**, das seit 1546 Sitz der Familie MacPherson-Grant ist. Der aus der Mitte des 16. Jahrhunderts stammende Gebäudekomplex mit einem schönen Park wurde im Laufe der Jahrhunderte immer wieder anderen Bedürfnissen angepasst. Heute lassen sich noch Gebäudeteile aus fast allen Epochen erkennen, wie z.B. die im 17. Jahrhundert notwendigen starken Verteidigungsanlagen oder die in der viktorianischen Zeit eher komfortablen Architekturstile.

- Ballindalloch Castle, Ballindalloch AB37 9AX, ☎ 01807/500206, FAX 01807/500210, Karfreitag bis 30. September täglich 10:30 bis 17:00

9. Etappe: Ballindalloch - Glenlivet (11 km)

Auf dieser Etappe bekommt der Wanderer den Streit zwischen Landbesitzern und der Countryside Commission zu spüren. Der erste Teil des Weges, etwa 3,5 km, verläuft nämlich auf oder am Rande von Autostraßen. Zum Teil müssen Sie sogar entlang der A95, die von Aberlour nach Grantown-on-Spey führt, wandern. Erst danach geht es auf Pfaden weiter, die nicht von Kraftfahrzeugen befahren werden.

118   9. Etappe: Ballindalloch - Glenlivet

9. Ballindalloch - Glenlivet

⑰ Hügelgrab
⑱ Bridge of Avon
⑲ Auldich Farm
⑳ Deskie Farm
㉑ Glenlivet Public Hall
㉒ Packhorse Bridge
㉓ Drumin Museum
🏛 Glenlivet Distillery

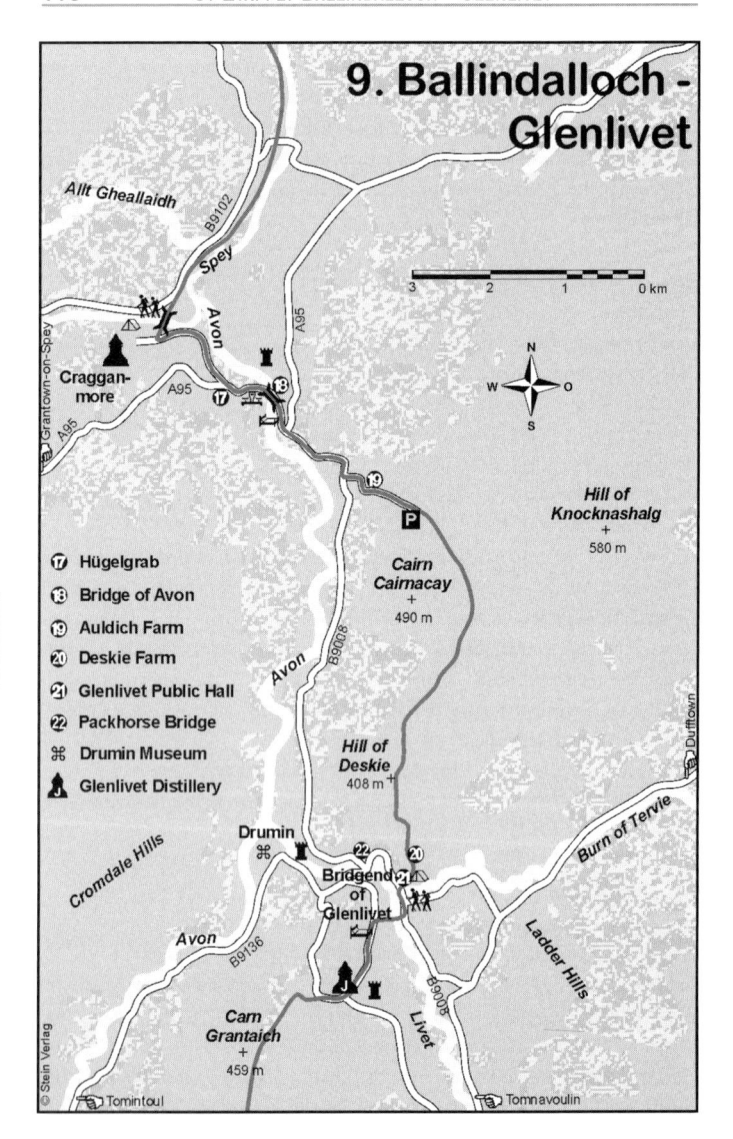

Bedenken Sie auch, dass sich der Charakter des Speyside Way hinter Auldich Farm grundsätzlich ändert. Sie begeben sich dort in ein raues, einsames Gelände, wo Sie keinerlei Schutz vor den Unbilden des Wetters erwarten können. Obwohl der Speyside Way auch dort gut markiert ist, kann man sich bei Nebel oder Schnee in der ausgedehnten Heidelandschaft doch leicht verlaufen.

Auf diesem und dem nächsten Streckenabschnitt sollte daher ein Kompass im Gepäck nicht fehlen. Auch sollten Sie die bei Bergwanderungen sonst übliche Kleidung (☞ Reise-Infos von A bis Z, Ausrüstung) tragen.

Sie beginnen die neunte Etappe am ehemaligen Bahnhof von Ballindalloch. Dort gehen Sie entlang der B9137, die die Cragganmore Distillery an die A95 anbindet, zunächst Richtung Osten. Hinter dem letzten Haus sind Sie wieder dicht am Spey.

Ein Schild am Flussufer weist darauf hin, dass hier noch die sehr seltenen **Süßwassermuscheln** zu Hause sind. Das Töten oder jegliche Art von Störung dieser empfindlichen Tiere ist aus Naturschutzgründen streng verboten.

Hier verlassen Sie nun den Spey. Die Straße macht einen weiten Bogen nach Südosten und trifft bald auf die A95. Sie gehen nach links und weiter auf dem schmalen Grünstreifen entlang der Straße.

Nach etwa 200 m können Sie rechts auf einer Wiese ein historisches **Hügelgrab** ⓱ in Form eines Steinkreises sehen.

Wieder nur wenig weiter kommen Sie an die Brücke über den Avon. Rechts liegt der **Ballindalloch Shop** und links führt eine Treppe auf die alte **Bridge of Avon** ⓲, die heute für den Autoverkehr gesperrt ist.

Die wenigen Meter auf die alte, sehenswerte Steinbrücke lohnen sich auf jeden Fall. Von dort können Sie gut auf den Avon herunterblicken. Am anderen Ende der Brücke steht die aus dem Jahre 1850 stammende Pförtnerloge von Ballindalloch Castle. Hier befindet sich noch ein, allerdings für Besucher gesperrter Zugang zum Schloss.

Der Speyside Way führt weiter entlang der Hauptstraße, jetzt auf einem Trampelpfad etwas abseits. Sie passieren das Hotel Delnashaug Inn und kommen kurz darauf an ein **Granitdenkmal**, das an die Gefallenen des Ersten und Zweiten Weltkrieges erinnern soll. Hier beschreibt die Hauptstraße eine scharfe Kehre. Sie führt weiter nach Aberlour. Rechts zweigt die B9008 Richtung Tomintoul ab. Neben dieser Straße führt der Speyside Way weiter.

Nach etwa 1 km, hinter einer Rechtskurve, verlassen Sie auch diese Straße und biegen links in eine Straße ein, die zur **Auldich Farm** ⓲ führt. Das Farmgebäude erkennen Sie sofort an den vielen aufgestellten Gartenzwergen.

Hinter der Farm endet die Straße an einem Parkplatz, dem **Auldich Car Park**. Hier endet auch die bewohnte Gegend.

Porters Lodge

Bis zur **Glenlivet Public Hall**, wo Sie wieder auf die B9008 stoßen, sind es sieben Kilometer durch mehr oder weniger unwirtliches Gelände. Dabei müssen Sie gut 200 Höhenmeter überwinden.

Bitte bleiben Sie auf den ausgetretenen Pfaden. Besonders im Frühjahr wird die umliegende Heide von vielen Vögeln als Brutbiotop genutzt. Wenn Sie auf den Wegen bleiben, halten Sie die Störung der empfindlichen und scheuen Vögel in engen Grenzen.

Zunächst wandern Sie auf einem alten, unbefestigten Weg, der nach Glenrinnes führt, Richtung Südosten. Bald zweigt rechts ein kleiner Pfad ab, der nun stetig aufwärts durch Heideland entlang der Ausläufer des **Cairn Cairnacay** bis auf eine Höhe von 470 m steigt. Anschließend geht es wieder bergab, um dann nochmals für eine kurze Strecke hoch auf den **Hill of Deskie** in 408 m Höhe zu steigen.

Vom Hill of Deskie haben Sie einen wunderbaren Blick auf Glenlivet mit seiner Destillerie und die dahinter liegenden Berge.

Blick auf Glenlivet und seine Destillerie

Von hier geht es über saftige Viehweiden abwärts. Kurz vor dem Etappenende passieren Sie die **Deskie Farm** ⑳. Der Speyside Way führt direkt zwischen den Gebäuden hindurch.

Dahinter gelangen Sie an eine asphaltierte Straße. Das Etappenziel haben Sie an der nach Tomintoul führenden B9008 in Glenlivet erreicht.

Hinter der Straße fließt der **River Livet** und rechts von Ihnen befindet sich die **Glenlivet Public Hall** ㉑.

Glenlivet

- Minmore House Hotel, Glenlivet, Banffshire AB37 9DB,
    ☎ 01807/590378, FAX 01810/590472, 18 Betten, ÜF ab £ 50, ganzjährig.
    Das Hotel liegt in der Nähe der Destillerie Glenlivet, 🚗.
- **B&B** Mrs. J. Durno, Deepdale, Auchbreck, Glenlivet AB37 9EJ,
    ☎ 01807/590364, 4 Betten, ÜF ab £ 20, ganzjährig, 🚗
- ♦ Mrs. Rita Marks, Roadside Cottage, Tomnavoulin, Banffshire AB37 9JL,
    ☎ 01807/590486, 6 Betten, ÜF ab £ 18, ganzjährig, 🚗
- ♦ Darüber hinaus gibt es noch eine ganze Reihe weiterer Unterkünfte, auch für Selbstversorger in Glenlivet, z.B. eine auf der bewirtschafteten Deskie

Farm, die unmittelbar am Speyside Way liegt. Mr. & Mrs. Jim Innes, Deskie Farm, Glenlivet, Banffshire AB37 9BX, ☏ 01807/590207. Das Cottage für 6 Personen kostet £ 250 pro Woche.
- ◆ Weitere Adressen ☞ Touristenbüro **i** in Tomintoul
- ⚠ Mrs. C. J. Hollands, Glenlivet Public Hall, Glenlivet, Banffshire, ☏ 01807/590406. Einige Stellplätze sind auf einer Wiese gleich neben der Glenlivet Public Hall vorhanden, ⌧ April bis Oktober. Mrs. Holland kommt abends vorbei und händigt gegen eine geringe Gebühr die Schlüssel für die Toiletten aus.
- ◆ Weitere Informationen zu Campingmöglichkeiten ☞ Tomintoul
- ⚐ Bridgend of Glenlivet, ☏ 01807/590201, Tomnavoulin, ☏ 01807/590220
- ✚ Dr. Derounian, Community Surgery, Drumin, ☏ 01807/590273

Wenn Sie am Etappenziel in Glenlivet ein Dorf oder eine Stadt erwartet haben, werden Sie sicherlich enttäuscht sein. Neben der weltbekannten Destillerie Glenlivet finden Sie hier nur ein paar vereinzelt stehende Häuser.

Glenlivet ist die Bezeichnung für das Gebiet um die beiden Täler der Flüsse Avon und Livet zwischen den **Cromdale Hills** im Westen und den **Ladder Hills** im Osten. Sie betreten Glenlivet auf Ihrer Wanderung kurz vor dem Hill of Deskie. Die nächste Etappe verläuft vollständig in Glenlivet.

Seit 1973 ist Glenlivet mit etwa 23.000 ha Bestandteil des **Crown Estate**. Die Flächen des Crown Estate werden vom britischen Staat verwaltet. Zu ihnen gehören Wälder, landwirtschaftliche Flächen und ein Teil der Küsten in England, Wales und Schottland sowie größere Gebiete in Städten, vornehmlich in London. Auch bei Fochabers gehört ein größeres Areal zum Crown Estate. Der Überschuss aus den Ländereien, wenn einer erwirtschaftet wird, fließt dem Staatsbudget zu.

Der größte Ort im Crown Estate Glenlivet ist ☞ **Tomintoul**. Daneben gibt es noch einige kleinere Dörfer wie **Chapeltown**, **Tomnavoulin** oder **Drumin**, die oft nur aus ein paar Häusern um eine Destillerie herum bestehen.

Etwas nördlich des Zielortes dieser Etappe an der B9008 liegt das aus wenigen Häusern bestehende Dorf **Bridgend of Glenlivet**. Dort können Sie die alte

Packhorse Bridge ❷ besichtigen. Sie überspannte den Livet an einer Stelle, wo er sich durch eine schmale Felsschlucht zwingt. Heute stehen nur noch zwei Bögen der Brücke. Der dritte wurde während einer Flut 1829 fortgerissen. Das genaue Alter der Brücke ist unbekannt. Sie dürfte aber aus der Mitte des 16. Jahrhunderts stammen. Unmittelbar an der Brücke ist ein kleiner Rastplatz mit Bänken und Tischen eingerichtet und ein Parkplatz gebaut worden.

⌘ Von hier etwa 2 km weiter westlich kommen Sie nach **Drumin**. Dort können Sie die spärlichen Reste des **Drumin Castle** und das **Museum of Scottish Country Life** besichtigen. Während von der aus dem 14. Jahrhundert stammenden Burg nur noch zwei Mauern erhalten sind, lohnt sich ein Besuch des Museums schon eher. In dem 1818 erbauten Farmhaus sind Haushaltsgegenstände aller Art und landwirtschaftliche Geräte ausgestellt, die im Nordosten Schottlands gebräuchlich waren.

Auf den ersten Blick wirkt das Museum wie eine riesige Altpapier- und Sperrmüllsammlung. Bei genauerem Hinsehen kann man aber viele interessante Stücke entdecken. Die freundliche Besitzerin Mrs. Reid, die auch Leiterin des Museums ist, führt die meisten Gäste persönlich durch die Sammlung und weiß zu vielen Ausstellungsgegenständen interessante Geschichten zu erzählen. Mir hat eine eindrucksvolle Sammlung von Nachttöpfen am meisten imponiert.

◆ Drumin Country Museum, Drumin Farm, Glenlivet AB37 9AN, ☎ 01807/590210, ▯ Ostern bis Oktober Mo bis Sa 10:30 bis 17:30, So nach Vereinbarung, Eintritt Erw. £ 3, Kinder £ 1

🍶 Unter Whiskykennern hat Glenlivet einen ganz besonderen Ruf, werden hier doch einige der besten Single Malts der Highlands gebrannt. Nicht weit vom Endpunkt der Etappe (der Speyside Way führt während der zehnten Etappe direkt daran vorbei) liegt die bekannte **Glenlivet Distillery**. Der hier gebrannte Whisky wird in weit mehr als 100 Staaten weltweit exportiert.

Die Brennerei wurde 1824 von George Smith offiziell gegründet. Er war der erste, der nach dem ein Jahr zuvor verabschiedeten Gesetz, das die Herstellung

Die Pack Horse Bridge über den Livet

von Whisky lizenzierte und damit unter staatliche Kontrolle bringen sollte, für £ 10 pro Jahr eine Lizenz erwarb. Von nun an stellte er seinen Whisky mit Erlaubnis der Obrigkeit her. Dies gefiel seinen ehemaligen Kollegen nicht, die ihren Whisky immer noch illegal herstellten und mehrfach versuchten, die Destillerie in Brand zu setzen. George Smith konnte seine Anlagen jedoch erfolgreich verteidigen. Die Pistolen, die er hierfür zur Hilfe nahm, werden heute noch mit sehr viel Stolz im Besucherzentrum gezeigt.

Glenlivet Distillery

Besucher werden im aus der Mitte des vorigen Jahrhunderts stammenden Getreidespeicher mit einer Videoshow auf den Rundgang durch die Destillerie mit den acht Brennblasen eingestimmt. Im Anschluss gibt es natürlich einen Probetrunk. Im Souvenirshop können Sie Whisky und kleine Geschenke kaufen und in einer Bar werden kleine Gerichte serviert.

♦ The Glenlivet Distillery, Glenlivet, Banffshire AB37 9DB, ☏ 01542/783220, 🕒 März bis Ende Oktober Mo bis Sa 10:00 bis 16:00, So 12:30 bis 16:00, im Sommer morgens früher und abends länger geöffnet. Eintritt frei, Kinder unter acht Jahren dürfen nicht in die Produktionsstätten.

In der Nähe steht die Ruine von **Blairfindy Castle**. Die Burg wurde 1586 vom Earl of Huntly erbaut. Die Reste der Gemäuer sind sehr baufällig, so dass die Ruine nur von außen besichtigt werden kann.

Wanderwege

Glenlivet bietet eine Reihe ausgeschilderter Wanderwege. Neben der Markierung mit einem blauen "G" werden Sie eine Reihe weiterer nützlicher Dinge finden. So können Sie die meisten Bäche trockenen Fußes mit Hilfe kleiner Brücken überqueren und an vielen Zäunen finden Sie Stiegen, wo Sie das Hindernis ohne zerrissene Hosen überwinden können.

📖 Eine Karte im Maßstab von ca. 1:50.000 mit den einzelnen Wanderwegen erhalten Sie kostenlos in Tomintoul im Touristenbüro oder im Information Centre des Glenlivet Estate Office (Adressen ☞ Tomintoul, ❶). Dort gibt es auch eine kostenlose Karte für Mountainbiker.

10. Etappe: Glenlivet - Tomintoul (13,5 km)

Bis Tomintoul führt diese Etappe in ihrer ganzen Länge durch den Crown Estate Glenlivet. Der größte Teil der Strecke verläuft auf mehr oder weniger einsamen Pfaden über offenes Heideland. Bedenken Sie bitte, dass es sich bei dieser Tour nicht um einen Sonntagsspaziergang handelt, sondern um eine Bergwanderung, die Wissen, entsprechende Ausrüstung und Kondition voraussetzt (☞ allgemeine Hinweise bei Etappe 9 und Reise-Infos von A bis Z, Ausrüstung).

Sie starten an der Glenlivet Public Hall und gehen zunächst über die steinerne Brücke über den **Burn of Tervie**, der hier in den Livet mündet. Unmittelbar hinter der Brücke führt ein steiler Pfad die Straßenböschung hinab. Sie gehen jetzt flussaufwärts zwischen Straßendamm und Ufer des Livet.

Nach kurzer Zeit kommen Sie an eine Furt über den Livet, die heute noch von Autos genutzt wird. Glücklicherweise wurde hier 1983 eine Fußgängerbrücke errichtet, so dass Sie trockenen Fußes über den Fluss gelangen. Nach der Brücke gehen Sie auf der Straße weiter westwärts. Am Ende der Straße geht es links weiter zur Glenlivet Distillery. Hier ist auch die Einfahrt zum Minmore House Hotel (☞ Etappe 9).

Der Speyside Way führt nun direkt zwischen den Gebäuden der Destillerie hindurch (☞ Etappe 9). Dahinter geht es auf der Asphaltstraße in einem großen Bogen weiter steil bergauf. An der Zufahrt zu einer kleinen Farm (Crant Cottage), gut 500 m hinter der Destillerie, verlassen Sie die asphaltierte Straße und gehen durch zwei kurz hintereinander stehende Viehgatter in Richtung eines verlassenen Hauses. Hinter dem leer stehenden Haus wendet sich der Weg mehr und mehr Richtung Süden.

Sie wandern jetzt ständig bergauf, fast immer durch offenes Gelände, passieren zunächst den rechts liegenden **Carn Grantaich** und anschließend den auf Ihrer linken Seite sichtbaren Carn Liath. Kurz darauf kommen Sie an einen Kiefernwald, an dessen Ostseite Sie weitergehen, bis der Wald am nächsten Berg, dem **Carn Daimh**, wieder dem offenen Gelände weicht.

Von hier ist es nur noch ein kurzer Anstieg auf den **Carn Daimh**, der der höchste Punkt des gesamten Speyside Way ist. Dieser Berg bietet einen fantastischen Ausblick auf die Umgebung, der einen schnell die Mühen des Aufstiegs vergessen lässt. Bei gutem Wetter lohnt sich hier eine längere Rast. Bei Regen und Sturm ist der ungeschützte Gipfel allerdings kein angenehmer Aufenthaltsort.

Vom Carn Daimh führt der Speyside Way bis Tomintoul nur noch abwärts. Zunächst wandern Sie auf einem schmalen Pfad über offenes Heideland, durchqueren dann ein Waldstück, um schließlich für eine längere Strecke weiter über offenes Gelände zu laufen. Dabei passieren Sie den links von Ihnen liegenden **Carn Sléibhe**. Gleich dahinter führt der Weg entlang einiger kleinerer Wäldchen und biegt dann nach rechts. Hier gelangen Sie nun zwischen zwei Zäunen gehend an eine einspurige Asphaltstraße, der Sie nach links folgen.

Nach etwa 500 m beschreibt die Straße eine scharfe Linkskurve. Unten im Tal sehen Sie den Fluss Conglass Water. Hier zweigt der Weg ins Tal ab. Sie klettern mit Hilfe einer Stiege über den Zaun und überqueren auf der Brücke den Fluss. Gleich hinter der Brücke führt der Wanderweg Richtung Süden zunächst dicht am Fluss entlang. Dann wendet sich der Fluss mehr nach Südosten, während der Wanderweg südwestwärts durch einen kleinen Wald verläuft.

Am Ende des Waldes treffen Sie im Norden von Tomintoul an der nach Grantown-on-Spey führenden Hauptstraße auf einen Parkplatz. Hier haben Sie das Ende dieser Etappe erreicht.

Ins Zentrum von **Tomintoul** mit Museum und Touristenbüro sind es nur noch etwa 500 m entlang der Hauptstraße Richtung Südosten.

Tomintoul

Tourist Information Centre, The Square, Tomintoul, Banffshire AB37 9ET, ☏ 01807/580285, Ostern bis Oktober Mo bis Sa 10:00 bis 13:00 und 14:00 bis 17:00 sowie So 13:00 bis 17:00, im Juli und August bis 18:00 Wenn das Büro geschlossen ist, wenden Sie sich bitte an das ganzjährig geöffnete Touristenbüro in Elgin unter ☏ 01343/542666 oder 543388.

- Estate Office & Information Centre, Main Street, Tomintoul, Banffshire AB37 9EX, ☎ 01807/580283, FAX 01807/580319, 💻 www.crownestate.co.uk. Das Information Centre ist in der Regel an Werktagen vormittags geöffnet, zeitweise sind die Ranger allerdings im Gelände mit anderen Tätigkeiten beschäftigt. Sie erhalten von den Rangern vielfältige Informationen zu Natur und Landschaft von Glenlivet. Darüber hinaus sind diverse Broschüren und Karten u.a. zum Wandern und Radfahren erhältlich.
- Mr. Kennedy, Glenavon Hotel, The Square, Tomintoul AB37 9ET, ☎ 01807/580218, 12 Betten, ÜF ab £ 20, ganzjährig
- Gordon Hotel, The Square, Tomintoul AB37 9ET, ☎ 01807/580206, 50 Betten, ÜF ab £ 45, ganzjährig. Von November bis März werden preisgünstige Pauschalarrangements angeboten.

B&B Mrs. M. Birnie, Livet House, 34 Main Street, Tomintoul AB37 9EX, ☎ 01807/580205, 5 Betten, ÜF ab £ 18, ganzjährig, 🚗
- Bracam House, 32 Main Street, Tomintoul AB37 9EX, ☎ 01807/580278, 5 Betten, ÜF ab £ 18, ganzjährig, 🚗
- Mrs. E. Turner, Findron Farm, Tomintoul AB37 9ER, ☎ 01807/580218, 7 Betten, ÜF ab £ 17, ganzjährig. Die Farm befindet sich knapp 2 km von Tomintoul an der A939 Richtung Ballater, 🚗.
- Darüber hinaus gibt es in Tomintoul und Umgebung noch eine Reihe weiterer B&B-Unterkünfte sowie Cottages oder Häuser für Selbstversorger. Anschriften erhalten Sie im Touristenbüro.
- Tomintoul Youth Hostel, Main Street, Tomintoul, Banffshire AB37 9HA. ☎ 01807/580282, 38 Betten, 15. Mai bis 1. Oktober täglich ab 17:00. Die Herberge gehört zur einfachsten Kategorie und liegt etwa 300 m vom Square an der Straße nach Grantown-on-Spey.
- In der Nähe des Estate Office steht eine kleine Fläche zum Übernachten zur Verfügung. Darüber hinaus gibt es weitere Plätze in Glenlivet, wo Sie für eine Übernachtung Ihr Zelt aufschlagen dürfen. Für Gruppen sind spezielle Areale reserviert (im 🛈 nachfragen).
- The Square, Tomintoul, ☎ 01807/580201
- Clydesdale Bank, The Square, Tomintoul, ☎ 01807/580224
- Arzt: Dr. Crowley, The Health Centre, Rattray's Lane, Tomintoul
- The Whisky Castle and Highland Market, Main Street. Wohlsortierter Laden, der auch Zubehör wie Krüge, Gläser und Spiegel verkauft.

Tomintoul ist der Hauptort des Crown Estate Glenlivet. Die kleine, etwa 300 Einwohner zählende Stadt ist vielen Schotten ein Begriff, weil sie irrtümlicherweise als höchstgelegene Ortschaft in ganz Schottland gilt: sie liegt mit 350 m über dem

The Whisky Castle and Highland Market

Meeresspiegel zwar recht hoch, wird aber von Wanlockhead in den Lowlands mit 412 m noch übertroffen. Tomintoul befindet sich auf einem flachen Kamm zwischen den beiden Flüssen Avon und Conglass Water. Der Ort ist, wie auch die anderen größeren Ortschaften, durch die Sie während der Wanderung entlang des Speyside Way gekommen sind, nach einem streng rechtwinkligen Plan angelegt.

Die Hauptstraße (Main Street) wird von zwei parallel verlaufenden Straßen (Conglass Lane im Nordosten und Tomnabat Lane im Südwesten) flankiert. Diese drei Straßen werden durch rechtwinklig dazu verlaufende Seitenstraßen verbunden. Der zentrale Platz im Zentrum (The Square) ist ebenfalls rechtwinklig angelegt. Obwohl Tomintoul auch einige Sehenswürdigkeiten zu bieten hat, liegt der Reiz des Ortes vor allem in seiner landschaftlichen Lage.

Das Tal des Avon gilt bei vielen Naturfreunden als schönstes Tal Schottlands und auf der Gesamtlänge von über 60 km gibt es nicht eine langweilige Passage. Der Fluss bietet die komplette Bandbreite der Highland-Landschaft: vom kargen und wilden Hochgebirge in den Cairngorm Mountains, wo er oberhalb von Loch Avon in mehr als 1.000 m Höhe entspringt, bis zu den bewaldeten, sanften Hügeln bei Ballindalloch, wo er sich mit dem Spey vereinigt. Mit seiner Infrastruktur und Lage bietet Tomintoul beste Möglichkeiten zur Erkundung des grandiosen Glen Avon und der umliegenden Gebiete.

⌘ Wenn Sie genügend Zeit haben, sollten Sie sich das **Tomintoul Museum** ansehen, das Exponate zur Geschichte der Gegend zeigt. Unter anderem können Sie die Küche eines Farmhauses, eine Schmiede sowie Geräte zur Torfgewinnung sehen. Außerdem gibt es Informationen zur Geschichte des Gebietes.

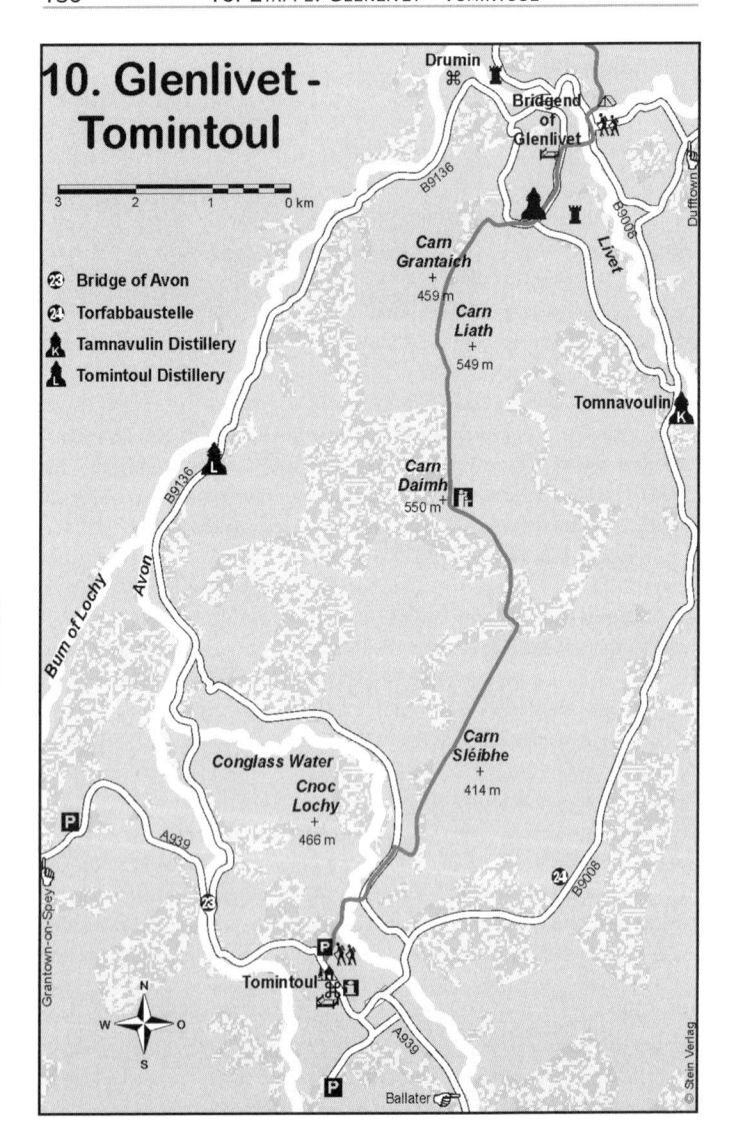

10. Glenlivet - Tomintoul

- Bridge of Avon
- Torfabbaustelle
- Tamnavulin Distillery
- Tomintoul Distillery

♦ Tomintoul Museum, The Square, ☎ 01807/580440, 📅 März bis Oktober Mo bis Fr von 9:30 bis 12:00 und 14:00 bis 16:00, Juni bis August zusätzlich Sa, Eintritt ist frei

☺ Etwa 3 km Richtung Grantown-on-Spey überquert die A939 den Spey über eine moderne Brücke, die 1991 eingeweiht wurde. Bis zu dieser Zeit musste der Fluss über die etwas unterhalb liegende alte **Bridge of Avon** ❷ überquert werden, die den Anforderungen des modernen Autoverkehrs nicht mehr gewachsen war. Die 1754 erbaute Steinbrücke wurde 1991 renoviert und mit einem attraktiven Rastplatz versehen, den Sie von der B9136 Richtung Bridgend of Glenlivet etwa 50 m nach der Abzweigung erreichen. Von hier haben Sie einen wunderbaren Blick auf den Avon.

Richtung Tomnavoulin auf der B9008 gelangen Sie nach knapp 5 km zu einer **Torfabbaustelle** ❷, wo u.a. Torf für den ersten Schritt der Whiskyproduktion, das Mälzen der Gerste, gestochen wird. Der Torf wird hier mit speziellen Geräten abgebaut, die eine zu starke Verdichtung des Untergrundes verhindern sollen. Das Gelände kann an Werktagen besichtigt werden.

🍸 Überraschenderweise gibt es in Tomintoul keine Whiskybrennerei. Allerdings liegt etwas weiter nördlich an der B9136 eine Destillerie, die den Namen der Stadt trägt. Die hübsch gelegene und erst 1964 gegründete **Tomintoul Distillery** (= *tomin-taul*) ist aber nicht für Besucher geöffnet. Angeboten wird ein 12- und ein 14jähriger Single Malt.

Erzmine von Lecht

Ein sehr schöner Ausflug führt zur ehemaligen **Erzmine von Lecht**, die sich etwa 8 km südöstlich von Tomintoul an der A939 in Richtung Ballater befindet. Der Ausgangspunkt zu der knapp 1 km langen Wanderung liegt an einem kleinen Parkplatz in einer scharfen Rechtskurve der A939. Neben dem Parkplatz sind Bänke und Tische installiert worden, so dass man hier gut eine kleine Rast einlegen kann. Der kurze Weg vom Parkplatz zur Mine mit dem noch erhaltenen Steingebäude aus der damaligen Zeit entlang eines kleinen Baches ist landschaftlich sehr schön.

Zwischen 1730 und 1737 wurde in der Mine Eisenerz gefördert, das mit Packpferden über die Berge nach Nethy Bridge, südlich von Grantown-on-Spey, zum Schmelzen gebracht wurde. Erst gut 100 Jahre später wurde die Mine wieder geöffnet, um Manganerze zu fördern. Wegen eines Mangan-Preisverfalls musste sie aber schon wieder nach fünf Jahren schließen.

Vom Parkplatz aus sind es nur etwa 3 km bis zum **Lecht Ski Centre** mit vielen Pisten und Liften, die nicht gerade zur Schönheit der Landschaft beitragen. Hier wird sogar - auf einer Kunststoffpiste - im Sommer Ski gefahren.

Wanderwege

In der Umgebung von Tomintoul sind eine Reihe von Wanderwegen ausgeschildert worden.

- Eine Karte im Maßstab ca. 1:50.000 mit den Routen gibt's kostenlos im Touristenbüro oder im Information Centre des Glenlivet Estate Office.

Daneben bietet der Ort den Einstieg in das Bergwandern in den Grampian Mountains, wo eine Fülle attraktiver Wanderungen aller Schwierigkeitsgrade möglich sind. So können Sie z.B. durch das Glen Avon über das Loch Avon bis zu den Cairngorm Mountains gelangen, wo Sie mit dem **Ben Macdui** (1.309 m), dem **Braeriach** (1.296 m), dem **Cairn Toul** (1.293 m) und dem **Cairn Gorm** (1.245 m) die höchsten Berge Schottlands vorfinden. Sie werden nur noch von dem bei Fort William liegenden **Ben Nevis** (1.343 m) übertroffen.

Wegen des Hochgebirgscharakters sind viele Touren aber nicht für Anfänger geeignet und nur mit entsprechender Ausrüstung, Erfahrung und Kondition in Angriff zu nehmen.

- Details zum Bergwandern können Sie in dem Buch **Hillwalking in the Grampian Highlands** und in dem Führer **Cairngorms** des Scottish Mountaineering Club finden. Beide sind im Touristenbüro erhältlich.
- ♦ **Bergwandern** von Tim Castagne, Basiswissen für draußen (Band 9), Conrad Stein Verlag, ISBN 3-89392-109-5, € 6,90

Wer von Tomintoul aus nicht zurücklaufen will, sollte sich vorher genau über die Busverbindungen informieren. Zur Zeit fährt täglich nur morgens um 7:55 ein Schulbus nach Ballindalloch. Außerdem fährt Donnerstags ein Bus um 9:40 in dieselbe Richtung. Der Busfahrplan steht unter:

- www.moray.gov.uk/downloads/file40864.pdf

11. Etappe:
Ballindalloch - Cromdale (16 km)

Jüngstes Teilstück des Speyside Ways ist der Abschnitt von Ballindalloch bis Aviemore, der erst im Frühjahr 2000 eingeweiht wurde.

Startpunkt dieser wie auch der 9. Etappe ist der ehemalige Bahnhof von Ballindalloch. Um nach Cromdale zu gelangen, gehen Sie auf der ehemaligen Bahntrasse am Bahnhof vorbei. Sie wandern nun in einer langgezogenen Linkskurve in Sichtweite des Spey durch mehr oder weniger dichten Wald. Auffällig sind die vielen Kaninchen, die die Hänge teilweise wie Schweizer Käse durchlöchert haben. Auch Fasane, die schon von weitem an ihrem krächzenden Schrei zu erkennen sind, sind hier sehr häufig.

Nach etwa einer halben Stunde versperrt ein Zaun den Weg. Hier verlassen Sie die Bahntrasse und gehen einen Pfad links aufwärts. Je mehr Höhe Sie erreichen, desto offener wird das Gelände, bis Sie schließlich in offenes Moorland kommen. Rückwärts blickend haben Sie eine wunderschöne Aussicht auf das Tal des Spey und den gegenüber liegenden, teilweise bewaldeten Hill of Dalchroy. Voraus kommen bald die weißen Gebäude der Tormore Distillery in Sicht.

Obwohl der Pfad nun teilweise durch sehr nasses, sumpfiges Gelände führt, kann man diesen Teil bequem passieren. Die Erbauer des Weges haben in Schrittweite große Felsbrocken eingebracht, so dass man trockenen Fußes die nassen Stellen passieren kann. Wenige hundert Meter westlich von Tormore stößt der Pfad auf die A95.

▲   Obwohl die **Tormore Distillery** für die Öffentlichkeit nicht zugänglich ist, lohnt sich der kurze Weg zurück dennoch, um die Anlagen von außen zu betrachten. Denn Tormore (bedeutet "großer Hügel") gilt architektonisch als eine der prachtvollsten Destillerien. Die erst 1958 errichteten Gebäude mit der schönen Gartenanlage waren seinerzeit offensichtlich als Schaustück konzipiert worden. The Tormore gibt es als 10- und 12jährigen Single Malt; er ist auch wesentlicher Bestandteil des Blend "Long John".

Der Speyside Way führt nun für knapp 1 km auf einem Pfad entlang der A95. Voraus liegt der 350 m hohe **Knock Frink**, an dessen Nord- und Westflanke der

Weg später weiterführt. Kurz hinter einem Parkplatz mit einen schönen Blick ins Tal zweigt der Speyside Way parallel zur Zufahrt zum Airdbeg Cottage links aufwärts ab.

In Höhe des Hauses endet der Weg und der weitere Verlauf wird etwas unklar. Gehen Sie hier weiter aufwärts unter der Hochspannungsleitung hindurch auf den Kiefernwald zu. Durch ein Schaftor gelangen Sie auf einen schmalen Pfad, der Sie nach etwa 100 m auf einen sehr breiten Forstweg bringt. Hier geht es rechts aufwärts in südwestlicher Richtung weiter.

Nach gut 500 m heißt es aufpassen: kurz vor einer Linkskurve des Forstweges führt ein schmaler Pfad rechts abwärts in den Kiefernwald. Obwohl diese Abzweigung markiert ist, kann man sie doch leicht übersehen. Es geht jetzt relativ steil abwärts in das Tal des **Burn of Advie**, wobei die Hochspannungsleitung erneut unterquert wird. Direkt vor Ihnen liegt zum Greifen nahe der Knock Frink.

Sie überqueren den Bach und wandern zunächst durch offenes Moorland auf einem Weg entlang der Nordflanke des Berges, bis Sie in den Wald **Woods of Knockfrink** kommen. Hier umrunden Sie seine Westflanke.

Am Ende des Waldes wenden Sie sich scharf nach rechts und gehen nun für wenige hundert Meter am Waldrand entlang weiter, bis ein Pfad nach links abzweigt. Durch teilweise locker bewaldetes Gelände kommen Sie an die Zufahrt zu einem Cottage und schließlich in den **Meiklepark Wood**. Am Ende des Waldes führt der Pfad über Weiden und überquert den **Burn of Dalvey**. Um sich den Bau einer Brücke zu sparen, sind einfach Felsblöcke in den Fluss gesetzt worden, über die Sie trockenen Fußes das andere Ufer erreichen können. Bis zur asphaltierten Straße ist es jetzt nur noch ein kurzer Weg.

Sie überqueren die Straße und gelangen in den Wald mit dem schönen Namen **Tom an Uird**. Der Weg durch den Wald ist erst seit dem Jahre 2004 möglich. Erst dann konnten Streitigkeiten mit dem Landbesitzer geklärt werden und dies Teilstück der Öffentlichkeit zugänglich gemacht werden. Zuvor musste man sich an dieser Stelle nach links wenden und auf der asphaltierten Straße nach Cromdale wandern. Aber auch heute noch bietet dieser Weg eine lohnende Alternative zum offiziellen Wegverlauf. Zum Einen hat man während der gesamten Wanderung einen schönen Blick auf die links liegenden **Haughs** (= *Hills*) **of Cromdale**, einen um die 700 m hohen Höhenzug, der das Tal des Avon von dem des Spey trennt sowie den rechts liegenden, 419 m hohen, bewaldeten Tom an Uird.

11. Ballindalloch - Cromdale

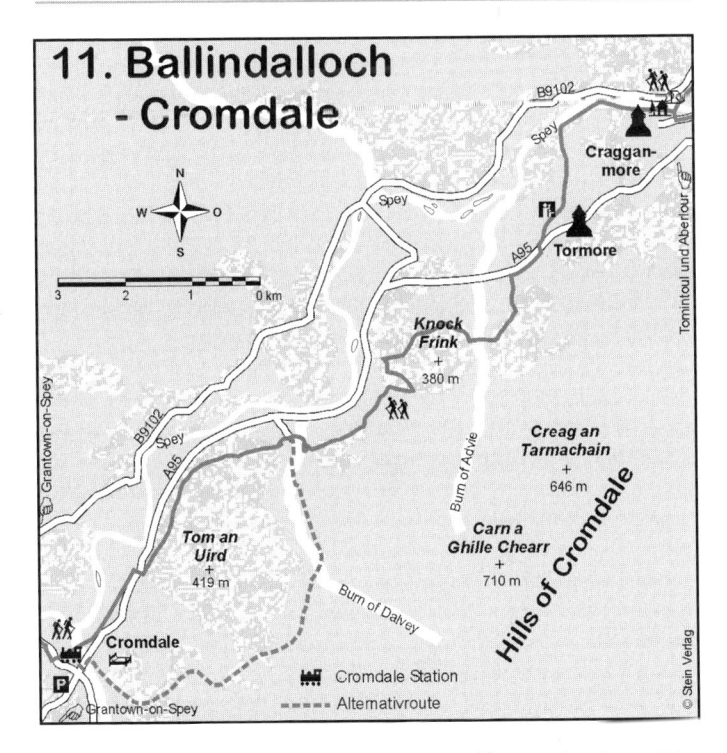

Wenn Sie diese um etwa 3 km längere Variante wählen, wandern Sie zunächst auf der kaum befahrenen Straße durch das kleine, hübsche Tal des **Burn of Dalvey**, den Sie noch zweimal überqueren. Sie passieren mehrere Farmgebäude und erreichen die A95 am Haugh Hotel in Cromdale. Hier wenden Sie sich nach links und überqueren einen Zufluss zum Spey. Hinter der Brücke überqueren Sie die Straße, gehen ein kleines Stück nach rechts und hinunter auf den Feldweg, der in einem weiten Bogen zum Gebäude der Cromdale Station führt, wo Sie wieder auf den Speyside Way treffen.

Wenn Sie dem offiziellen Weg folgen wollen, überqueren Sie hier die Straße und wandern auf einem Forstweg durch den Wald. Der Weg verläuft mehr oder weniger parallel zur A95, die Sie am Ende des Waldes erreichen.

Hier überqueren Sie die Straße und treffen gleich danach wieder auf die ehemalige Bahntrasse, der Sie nun bis zum Etappenziel, dem ehemaligen, inzwischen schön renovierten Bahnhof von Cromdale folgen.

Cromdale

- Haugh Hotel, Cromdale, PH26 3LW, ☎ 01479/872583, 22 Betten, ÜF ab £ 30
- **B&B** Dalbriagha, Mrs. Pam Brand, Cromdale, PH26 3LQ, ☎ 01479/873824, 4 Betten, ÜF £ 18, ganzjährig. Die Unterkunft liegt in unmittelbarer Nähe vom ehemaligen Bahnhof.

Cromdale ist ein kleiner Ort im Einzugsgebiet von Grantown, der bis auf den renovierten ehemaligen Bahnhof keine Sehenswürdigkeiten zu bieten hat. Das 1863 erbaute Gebäude, das zur Great North of Scotland Railway gehörte, wurde liebevoll im Stil der damaligen Zeit hergerichtet und ist zu einem kleinen Schmuckstück geworden.

Am 1. Mai 1690 fand hier die berühmte Schlacht von Cromdale statt in der die Jacobiter vernichtend geschlagen wurden. Die vereinigten Streitkräfte der MacDonalds, MacLeans, Camerons, MacPhersons und Grants of Invermoriston lagerten in den Haughs of Cromdale, als sie überraschend von Regierungstruppen unter Sir Thomas Livingstone überfallen wurden. Über 400 Jacobiter wurden getötet oder gingen in Gefangenschaft. Die Armee der Jacobiter war so schwer geschlagen, das es 25 Jahre dauerte, bis es erneut zu einem Aufstand kam. Heute erinnert ein Gedenkstein an diesen Kampf und das bekannte schottische Volkslied "Haughs of Cromdale".

12. Etappe:
Cromdale - Grantown-on-Spey (5 km)

Diese Etappe beginnt am alten Bahnhof von Cromdale. Von hier aus gehen Sie auf der ehemaligen Bahntrasse unter der Straßenbrücke hindurch und dahinter gleich rechts weiter. Nun wandern Sie entlang der Straße vorbei an einer Kirche mit Friedhof über die einspurige Stahlbrücke, die den Spey überspannt.

12. Cromdale – Grantown-on-Spey

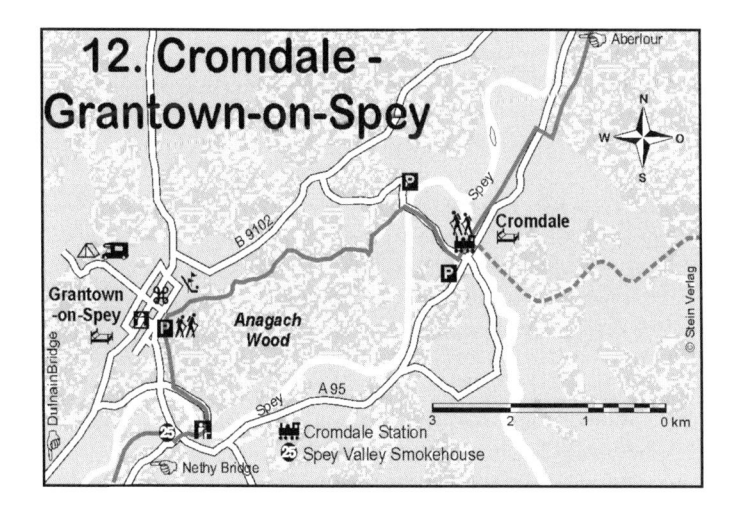

Hinter der Brücke geht es nach links bis zu einem Gatter, das den Weg versperrt. Rechts davon ist ein Durchgang, der auf einen kleinen Pfad führt. Sie wandern entlang eines Zaunes in unmittelbarer Nähe eines langsam dahin fließenden Baches. Besonders schön ist hier der Blick zurück über die Weiden nach Cromdale, auf den Tom an Uird und die Hills of Cromdale.

Schon bald gelangen Sie an ein Schaftor, hinter dem Sie über eine neu gebaute Holzbrücke den Bach überqueren müssen. Von nun an geht es bis zu Ihrem Ziel auf gut ausgebauten Waldwegen durch mehr oder weniger dichten Wald.

Dieser teilweise sehr alte Wald vermittelt einen guten Eindruck vom alten **Kaledonischen Kiefernwald**, der früher die gesamten Highlands bedeckte. Landschaft, Vegetation und Fauna sind typisch für diese weitgehend ausgestorbenen Wälder. Die Bäume, in der Mehrzahl eine spezielle Kiefernart (Scots Pine), sind teilweise über 200 Jahre alt.

Der Wald gehört zum Naherholungsgebiet von Grantown und ist mit einem Netz von markierten Wanderwegen durchzogen. Achten Sie daher auf die Markierung für den Speyside Way, damit Sie sich nicht verlaufen.

Nach einiger Zeit gelangen Sie an eine Zufahrt zum Golfplatz von Grantown. Kurz vor dem Tor zweigt vom Waldweg ein kleiner Pfad nach links ab, der Sie zu einer großen Wiese führt, die als Schafweide genutzt wird. Halten Sie sich hier am rechten Rand, bis Sie wieder auf eine Markierung stoßen.

Nun passieren Sie noch eine Anlage für Curling und erreichen kurz darauf hinter einem kleinen Parkplatz die Forest Road. Von hier aus führt die nächste Etappe Richtung Nethy Bridge nach links. Wenn Sie an dieser Stelle nach rechts gehen, kommen Sie nach wenigen hundert Metern ins Zentrum von Grantown-on-Spey, dem Ziel dieser Etappe.

Grantown-on-Spey

- Tourist Information Centre, 54 High Street, Grantown-on-Spey, PH26 3EH, ☎ 01479/872773, FAX 01479/87277, April bis Oktober
- Garth Hotel, Castle Rd, Grantown-on-Spey PH26 3HN, ☎ 01479/872836, FAX 01479/872116, 13 Betten, ÜF ab £ 38, ganzjährig,
- ♦ Firhall Guest House, Grant Road, Grantown-on-Spey, PH26 3LD, ☎ 01479/873097, FAX 01479/873097, 10 Betten, ÜF ab £ 18, günstige Preise für Familien in Familienzimmern, ganzjährig,
- ♦ Rossmor Guest House, Woodlands Tce, Grantown-on-Spey PH26 3JU, ☎ 01479/872201, FAX 872201, 12 Betten, ÜF ab £ 26, ganzjährig,
- **B&B** Bank House, 1 The Square, Grantown-on-Spey, PH26 3HG, ☎ 01479/873256, 9 Betten, ÜF ab £ 17
- Ardenbeg Bunkhouse and Outdoor Centre, Rebecca Bird, Grant Road, Grantown-on-Spey, PH26 3LD, ☎ 01479/872824, 24 Betten, Ü ab £ 11,50,
- Grantown-on-Spey Caravan Park, 16 Seafield Avenue, Grantown-on-Spey, PH26 3JQ, ☎ 01479/872474
- ♦ Im Ort finden Sie noch eine Reihe weiterer Unterkünfte. Im Informationsbüro erhalten Sie ein Unterkunftsverzeichnis.
- Health Centre, Castle Road East, ☎ 01479/872484
- ♦ Ian Charles Hospital, Castle Road East, ☎ 01479/872528
- Castle Road, ☎ 01479/872922
- Die Stadt bietet das gesamte Spektrum von Einkaufsmöglichkeiten.
- High Street, ☎ 01479/872563

12. Etappe: Cromdale - Grantown-on-Spey

Grantown-on-Spey, der Hauptort von Strathspey, dem Tal des River Spey, wurde 1765 von Sir James Grant gegründet. Der Adlige, der als der "Gute Sir James" in die Geschichte einging, steckte viel Geld und Energie in die neue "Stadt der Grants".

Zentrum von Grantown-on-Spey

Die Stadt gilt als gutes Beispiel für die auf dem Reißbrett entworfenen Ortschaften des 18. Jahrhunderts mit noch vielen gut erhaltenen Häusern aus der Zeit von Königin Victoria und König Georg. Das Zentrum steht inzwischen unter Denkmalschutz. Grantown ist das ganze Jahr über Basis für Wanderer, Kletterer und andere Sportbegeisterte. Trotz des intensiven Tourismus hat sie ihren Charakter jedoch weitgehend erhalten können.

Im Zentrum finden sich eine Vielzahl von Läden, die eine große Auswahl verschiedener Waren und Dienstleistungen anbieten. Diverse Restaurants, Pubs sowie Fish & Chips-Läden bieten Speis und Trank. Reich auch die Auswahl an Unterkünften aller Preisklassen, von denen in der obigen Aufstellung nur eine kleine Auswahl genannt werden kann. Neben dem attraktiven Ortskern bietet Grantown noch eine Reihe weiterer Sehenswürdigkeiten:

⌘ Einen Besuch lohnt das **Grantown Museum**. Das im unmittelbar am Square gelegenen Burnfield House, einer ehemaligen Schule, eingerichtete Museum zeigt die Heimatgeschichte der Stadt von ihrer Gründung bis heute.

- **Grantown Museum & Heritage Trust**, Burnfield House, Burnfield Avenue, Grantown-on-Spey PH26 3HH, ☎ 01479/872478, ❒ April bis Oktober Mo bis Fr von 10:00 bis 16:00, Eintritt Erwachsene £ 3, Kinder £ 1

🐟 Wenn Sie eine Räucherei besichtigen möchten, können Sie dies im **Spey Valley Smokehouse** tun. Hier kann man eine Menge über den schottischen Lachs erfahren und nebenbei auch noch leckeren Fisch kaufen.

♦ **Spey Valley Smokehouse**, Achnagonalin, Grantown-on-Spey PH26 3TA, ☏ 01479/872478, 🕮 ganzjährig. Die Räucherei liegt direkt am Wanderweg (☞ nächste Etappe).

🚶 Darüber hinaus lassen sich in der näheren Umgebung der Stadt eine Vielzahl von Wanderungen, die von kurzen Spaziergängen bis zu längeren Tagestouren reichen, unternehmen. Nähere Informationen erhalten Sie im Touristenbüro.

13. Etappe: Grantown-on-Spey - Nethy Bridge (10 km)

Startpunkt zur 13. Etappe ist die Forest Road, der Sie durch den Wald südwärts folgen, bis Sie auf die Spey Avenue stoßen, die hier unmittelbar am Ufer des Flusses verläuft. Sie wenden sich hier nach links und gehen durch den kleinen Vorort Anagach bis zur alten Speybridge, die schon seit langer Zeit nur noch für Fußgänger und Radler passierbar ist.

☺ Der markierte Weg verläuft hier entlang der asphaltierten Straße. Es ist aber auch möglich direkt am Flussufer auf einem Pfad die Brücke zu erreichen.

Sie überqueren die Brücke, halten sich rechts und gehen weiter entlang der Asphaltstraße, die Sie direkt gegenüber der Lachsräucherei (☞ voriges Kapitel) an die A95 bringt. Sie überqueren die Hauptstraße und gehen auf der B970 an der Räucherei vorbei. Gleich hinter der Räucherei zweigt ein Weg rechts ab, der wieder auf die alte Bahntrasse führt, der Sie nun bis Nethy Bridge folgen.

Der Weg führt zunächst malerisch zwischen Wiesen und Weiden, die von Gruppen von Laubbäumen durchsetzt sind. Auf der rechten Seite in Sichtweite fließt der Spey träge der Nordsee entgegen. Eine Vielzahl von Anglern ist auf fette Beute aus.

☺ Das teilweise offene Gelände ist Brutgebiet für Austernfischer, die man hier gut beobachten kann. Sogar die ehemalige Bahntrasse wurde von einigen Paaren genutzt, um ihre einfachen Bodennester anzulegen. Allerdings ist damit zu rechnen, dass sich die scheuen Vögel mit der zunehmenden Anzahl von Wanderern, die nach der Öffnung des Wanderweges die Trasse nutzen und den damit verbundenen Störungen weiter zurückziehen werden.

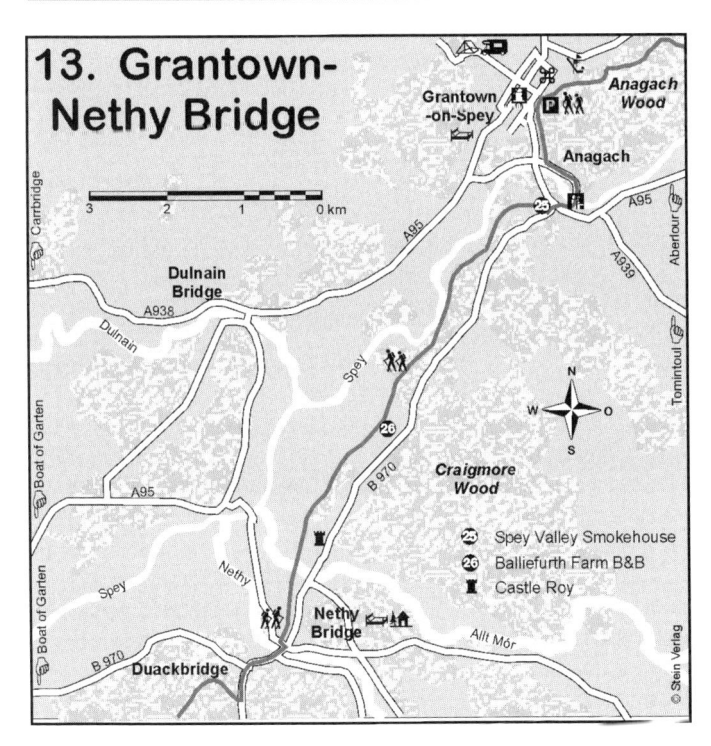

Nach einiger Zeit kommt rechts voraus der kleine Ort Dulnan Bridge, der jenseits des Spey liegt, in Sicht. Sie passieren einen neu angelegten Golfplatz und kommen wenig später an rechts vom Weg liegenden Fischteichen vorbei. Kurz dahinter wird die Bahntrasse von einer Straße gekreuzt, die über eine Brücke hinweg geführt wird. Nach rechts endet die Straße am Spey bei Boat of Balliefurth, einer ehemaligen Übergangsstelle über den Fluss. Nach links führt die Straße nach wenigen hundert Metern zur B970, die in mehr oder weniger geringem Abstand parallel zum Wanderweg verläuft.

Nethy Bridge Hotel

Wenig später verlassen Sie den Wald und es öffnet sich ein schöner Blick voraus auf das Tal des Spey und weit im Hintergrund sind der 677 m hohe Carn Sleamhuinn und der 712 m hohe Carn Deag Mór, Berge die westlich von Aviemore liegen, zu erkennen.

Der Weg führt nun durch mehr oder weniger offenes Weideland mit teilweise feuchten Wiesen. Als nächstes erreichen Sie die Balliefurth Farm, an der Sie direkt vorbeigehen. Ein Schild weist auf die Möglichkeit hin, hier zu übernachten.
B&B Balliefurth Farmhouse, Mrs. McLennan, Nethy Bridge, PH26 3EU, ☏ 01479/821636, 6 Betten, ÜF £ 25, ganzjährig

Hinter der Farm erreichen Sie nach einiger Zeit einen links des Weges liegenden lichten Wald. Hinter dem Wald, kurz vor einer Hochspannungsleitung, schwenkt der Weg südwärts.

Von hier aus haben Sie einen fantastischen Blick auf die **Cairngorm Mountains**, die oft noch bis in den Frühsommer hinein eine Schneedecke haben und dann wie mit Puderzucker überstreut aussehen. Nach links sehen Sie, nur wenige hundert Meter entfernt, auf einer Anhöhe gelegen, die Ruine des mehr als 700 Jahre alten **Castle Roy**, einer der ersten aus Stein gebauten Burgen Schottlands. Der Name stammt aus dem galischen und bedeutet "Rote Burg". Die massiven Wände waren wahrscheinlich ein Schutzwall, um innenliegende Holzgebäude vor Angriffen zu sichern. Leider ist die Ruine sehr baufällig und darf aus Sicherheitsgründen nicht betreten werden.

Sie passieren die Balliemore Farm, überqueren kurz darauf den Allt Mór und haben wenig später, den ehemaligen Bahnhof von Nethy Bridge, der inzwischen zu einem Hostel umgebaut wurde, erreicht. Gleich hinter dem Bahnhof stoßen Sie auf eine Straße, hinter der der Nethy fließt.

Sie gehen hier links und gelangen nach wenigen Metern an die B970, wo Sie rechts über die Brücke über den Fluss gehen, die dem Ort den Namen gegeben hat. Das Ziel der Etappe ist erreicht.

Nethy Bridge

- Nethy Bridge Hotel, Nethy Bridge, PH25 3DP, ☎ 01479/821203, FAX 01479/821686, 130 Betten, ÜF ab £ 43, ganzjährig
- ♦ The Mountview Hotel, Nethy Bridge, PH25 3EB, ☎ 01479/ 821248, 20 Betten, ÜF ab £ 30, ganzjährig,
- **B&B** Tigh na Drochaid, Nethy Bridge, PH25 3DA, ☎ 01479/821666, 6 Betten, ÜF £ 21, ganzjährig,
- ♦ Aspen Lodge, L & R Renton, Nethy Bridge, PH25 3DA, ☎ 01479/821042, FAX 01479/821131, 4 Betten, ÜF ab £ 22, ganzjährig,
- ♦ Juniper Cottage, L. Sayer, Nethy Bridge, PH25 3DF, ☎ 01479/821166, 2 Betten, ÜF ab £ 25, ganzjährig,
- ♦ Mondhuie D. & C. Mordaunt, Nethy Bridge, PH25 3DF, ☎ 01479/821062, 4 Betten, ÜF £ 16, ganzjährig. Vermietet werden auch Ferienwohnungen für 4 bis 5 Personen,
- Lazy Duck Hostel, Badanfhuarain, Nethy Bridge, PH25 3ED, ☎ 01479/821642, FAX 01479/821642, www.lazyduck.co.uk, 8 Betten, Ü £ 8,50, ganzjährig,
- ♦ Station Bothy, Patricia & Richard Eccles, Nethy Bridge PH25 3DS, ☎ 01479/821370, FAX 01479/821370, 20 Betten, Ü £ 8, ganzjährig. Nur für Gruppen, unbedingt reservieren, www.nethybridge.com/stationbothy

- ♦ Nethy House, Patricia & Richard Eccles, Nethy Bridge, PH25 3EB,
  ☎ 01479/821370, FAX 01479/821370,
  🖥 www.nethybridge.com/nethyhouse, 60 Betten, Ü £ 7,75, 🛏 ganzjährig, nur für Gruppen, unbedingt vorher reservieren
- ⚠ Zelten können Sie beim Lazy Duck Hostel. Pro Zelt und Person sind £ 5 fällig. Jede weitere Person kostet £ 2 extra.
- 🛒 Lebensmittelgeschäft an der Brücke über den Nethy
- 🍴 Beim Lebensmittelgeschäft, ☎ 01479/821217

Nethy Bridge ist ein seit den Zeiten von Königin Victoria beliebter Urlaubsort, ohne durch die sonst üblichen Auswüchse des Massentourismus seinen Charakter verloren zu haben. Angler, Wanderer, Radler oder Golfer finden hier ideale Bedingungen vor. Auch lässt die Nähe zu den Cairngorm Mountains hier manchen Wintersportler sein Quartier aufschlagen. Eine Vielzahl von Unterkünften jeder Preisklasse stehen dem Urlauber zur Verfügung.

Der Ort, umgeben von riesigen Wäldern, war seit Jahrhunderten ein Zentrum der Holzproduktion. Die Hölzer waren für ihre gute Qualität bekannt und wurden im Schiffsbau, für Brücken oder Häuser genutzt oder einfach als Brennmaterial für Hochöfen. Besonders begehrt waren hoch und gerade gewachsene Kiefern für Schiffsmasten.

Die geschlagenen Baumstämme wurden mit einer ausgeklügelten Methode flussabwärts getrieben. Dazu wurden flussaufwärts eine Vielzahl kleiner Seen aufgestaut mit Abfluss in den Nethy. Wurden die Dämme geöffnet, ergossen sich große Mengen Wasser in den Nethy, der die Hölzer mitriss und flussabwärts transportierte.

Ende des 19. Jahrhunderts hatte die Bevölkerungszahl ihren Höchststand erreicht. Urplötzlich wurde die Holzproduktion eingestellt, um Platz für Hirsche und wohlhabende Jägern zu schaffen. Dies brachte eine hohe Arbeitslosigkeit mit sich und eine Landflucht, von der noch heute eine Vielzahl verlassener Häuser und Ruinen zeugt.

Der **Abernethy Forest** ist ein großes zusammenhängendes Waldgebiet, das sich südlich des Ortes bis Boat of Garten erstreckt. Es hat eine z.T. sehr seltene Vegetation (nasser Wald) und wird durch ein dichtes Netz von markierten Wanderwegen erschlossen. Die nächste Etappe führt zum größten Teil durch diesen Wald.

14. Etappe:
Nethy Bridge - Boat of Garten (10 km)

Sie starten diese Etappe an der Brücke über den Nethy und gehen auf einem Fußweg entlang der B970 Richtung Aviemore. Wenig später überqueren Sie den Duack Burn und kommen in den Vorort Duackbridge. Hier zweigt von der B970 links eine Straße nach Loch Garten ab, der Sie folgen müssen. Hinter den letzten Häusern des Ortes geht es für eine kurze Strecke auf einem neu geschaffenen Wanderweg links der Straße entlang, bis der Speyside Way rechts in den Abernathy Forest führt.

Sie wandern nun auf einem breiten Forstweg durch sumpfigen Kiefernwald mit vielen eingestreuten Gewässern. Der Wald ist ein gutes Beispiel für diesen Lebensraum, der früher in ganz Großbritannien weit verbreitet war und heute zu den wenigen noch erhaltenen dieser Art gehört.

Nach einiger Zeit erreichen Sie eine Hochspannungsleitung, dort verläuft der Speyside Way nach rechts und geradeaus weiter parallel zur Hochspannungsleitung. Der Wald ist hier älter, durchsetzt mit größeren Heideflächen und immer noch nass.

Etwas später müssen Sie aufpassen: Sie unterqueren die Hochspannungsleitung erneut, der Forstweg macht eine scharfe Rechtskurve und genau im Knick geht ein kleiner, neu geschaffener Fußweg links ab, dem Sie in mehreren Kehren aufwärts auf die nördlichen Ausläufer einer kleinen, 258 m hohen Anhöhe folgen.

Hier geht es weiter auf dem neuen Fußweg entlang der Hochspannungsleitung in der breiten, für diese Leitung geschlagenen Schneise. Nach einiger Zeit können Sie die wie eine Wunde im Wald wirkende Schneise aber verlassen. Der Wanderweg führt nach links in dunklen, undurchdringlichen Kiefernwald.

Nur wenig später kommen Sie an eine schöne, langgezogene Lichtung mit Heidebestand, an deren Ende Sie die Fahrstraße erreichen, die nach rechts zur B970 führt.

☺ Nach links führt diese Straße nach etwa 1 km an den See Loch Garten, der für seine **Fischadlerpopulation** bekannt ist. Das Besucherzentrum **The Osprey Centre** der Royal Society for the Protection of Birds (RSPB) bietet die Möglichkeit, die scheuen Tiere aus einem sicheren Versteck zu beobachten und sich umfassend über die Tier und Pflanzenwelt der Umgebung zu informieren.

- Osprey Centre, ☎ 01479/831694, 🕐 Ende April bis Ende August täglich 10:00 bis 18:00, Erwachsene £ 2,50, Kinder £ 0,50, Familien £ 5

Der Speyside Way verläuft nun auf einem eigens angelegten Fußweg links parallel zur Straße am Waldrand entlang. Auch auf dieser Strecke finden sich immer wieder feuchte Stellen und größere Gewässer, die zum Teil erst in jüngster Zeit angestaut wurden. Stellenweise führen lange Holzbrücken oder -bohlenstrecken über das sumpfige Gelände.

Sie passieren den Croft na Carn Caravan Park und gelangen kurz darauf an die B970. Der Wanderweg verläuft nun etwas abseits parallel zu dieser Straße. Sie unterqueren eine Hochspannungsleitung und sind 5 Minuten später an einem kleinen Parkplatz. Hier zweigt von der B 970 die Zufahrtstraße nach Boat of Garten ab und ebenfalls der Speyside Way.

Sie wandern nun auf der Straße (einen Fußweg gibt es zunächst nicht), die links und rechts von malerischen Weiden flankiert wird und erreichen nach etwa 500 m den Ortseingang und kurz darauf die Brücke über den Spey.

📷 Von hier aus haben Sie einen wunderschönen Blick den Spey flussaufwärts mit den Cairngorm Mountains im Hintergrund.

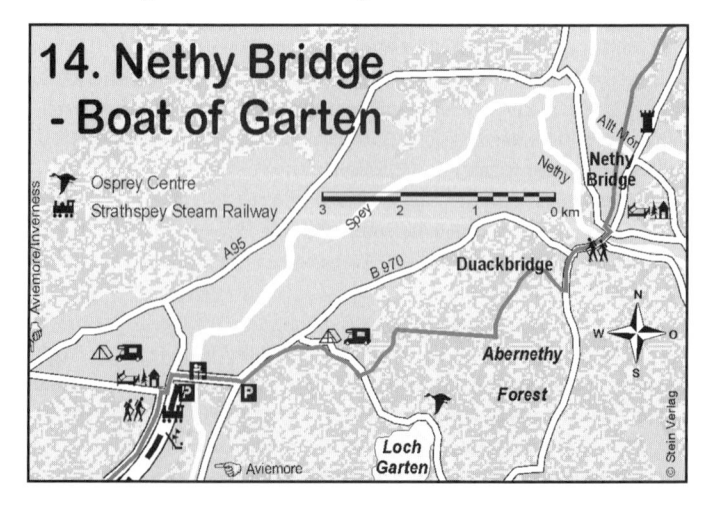

Hinter der Brücke unterqueren Sie die Bahnlinie, wenden sich nach links und haben nach kurzer Strecke am Boat Hotel den Bahnhof von Boat of Garten erreicht, wo diese Etappe endet.

Bahnhof von Boat of Garten

☺ Wer eher die beschauliche Ruhe eines kleinen Hochlandortes sucht, als die geschäftige Hast einer modernen Touristenstadt, sollte lieber in Boat of Garten übernachten und sich die lohnende Wanderung nach Aviemore für den nächsten Morgen aufsparen.

Boat of Garten

- The Boat Hotel, Boat of Garten PH24 3HN, ☏ 01479/831258, FAX 01479/831414, 60 Betten, ÜF ab £ 60, ganzjährig,
- ♦ Heathbank - The Victorian House Hotel, Boat of Garten PH24 3BD, ☏ 01479/831234, FAX 01479/831234, 14 Betten, ÜF ab £ 29, ganzjährig,
- ♦ Moorfield Guest House, Deshar Road, Boat of Garten PH24 3BN, ☏ 01479/831646, FAX 01479/831646, 8 Betten, ÜF ab £ 30, ganzjährig
- ♦ Granlea Guest House, L. & M. Dixon, Boat of Garten PH24 3DN, ☏ 01479/831601, 8 Betten, ÜF ab £ 25, ganzjährig,
- **B&B** The Old Ferryman's House, Mrs. E. Matthews, Boat of Garten PH24 3BN, ☏ 01479/831370, 6 Betten, ÜF ab £ 21-22, ganzjährig,
- Fraoch Lodge & Bunkhouse, Deshar Road, Boat of Garten PH24 3BN, ☏ 01479/831331, 16 Betten, Ü ab £ 10,
- Campgrounds of Scotland, B. & M. Gillies, Boat of Garten PH24 3BN, ☏ 01479/831652, ganzjährig. Der Platz befindet sich westlich des Zentrums an der Deshar Road.
- ♦ Croft na Cran Caravan Park, Loch Garten Road, Boat of Garten, PH24 3BY, ☏ 01343/830880, FAX 01343/830880, ganzjährig

🏪 Im kleinen Lebensmittelgeschäft unweit des Boat Hotel ist auch die Poststelle (☏ 01479/831223) untergebracht.

🚂 Zwischen Boat of Garten und Aviemore verkehrt eine Museumsbahn (☞ weiter unten).

Boat of Garten hat seinen Namen von einer Fähre, die früher Personen an dieser Stelle über den Fluss beförderte. Der kleine, schmucke Ort bezeichnet sich im Untertitel als "Fischadler-Stadt", was auf die nahebei gelegene Population des äußerst seltenen Greifvogels hinweist.

Angler und Golfer finden hier gute Möglichkeiten, vor allem aber Wanderer und Radler, die in der Umgebung beste Bedingungen vorfinden. Markierte Wanderwege gibt es rund um Loch Garten. Aber auch der Wald im Süden des Ortes zwischen der Bahn und der A 95 bietet zahlreiche Möglichkeiten für kürzere oder längere Touren.

🚂 Ein Highlight ist sicherlich die **Strathspey Steam Railway**, die zwischen Boat of Garten und Aviemore verkehrt. Eine Fahrt mit dem in der Regel von einer historischen Dampflokomotive gezogenen "Museumszug" durch die phantastische Landschaft zwischen den beiden Orten ist ein unvergleichliches Erlebnis. Die Bahn verkehrt zwischen April und Oktober fast täglich je Richtung meist fünfmal (Fahrpläne am Bahnhof oder in den Touristenbüros). Angeboten werden auch verschiedene Sonderfahrten, die z.B. ein Lunch enthalten.

Museumsbahn

♦ **Strathspey Steam Railway**, Dalfaber Road, Aviemore PH22 1PY, ☏ 01479/810725

15. Etappe:
Boat of Garten - Aviemore (10 km)

☺ Die letzte Etappe des Speyside Ways gehört sicher mit zu einer der schönsten des gesamten Weitwanderweges und ist ein würdiger Abschluss der Tour.

Sie beginnen die Etappe am Bahnhof und gehen am Boat Hotel vorbei in die nach Westen führende Deshar Road. Nach wenigen Metern, gegenüber vom Post Office, biegen Sie links ab. Sie wandern zunächst auf einer asphaltierten Straße, die links und rechts von z.T. prächtigen Häusern geziert wird, durch älteren Wald. Am Ortsende geht die Straße in einen Forstweg über.

Bald lichtet sich der Wald und gibt den Blick frei auf die Cairngorm Mountains. Wenig später erreichen Sie The Yard, ein Haus, dessen Garten von allerlei "Kunstwerken" und Museumsstücken geziert wird. Von hier führt ein Weg rechts zum idyllischen See Loch Vaa in etwa 2 km Entfernung.

Der Speyside Way führt hinter dem Haus nach links unter der Bahn hindurch Richtung Kinchurdy Farm, die unmittelbar am Spey liegt. Etwa 100 m hinter der Unterführung verlassen Sie die Farmstraße und biegen nach rechts ab.

Hier beginnt einer der schönsten Abschnitte des gesamten Speyside Ways. Es geht auf einem zunächst breiten Forstweg, der später in einen schmalen Pfad übergeht, durch aufgelockerte Birkenwälder sowie ausgedehnte Heide- und Moorflächen. Der Blick auf die Cairngorm Mountains ist beeindruckend. Rechts vom Weg verläuft in unmittelbarer Nähe die Museumsbahn, die fauchend und Rauch ausstoßend vorbeidampft.

Nach einiger Zeit kommt voraus ein hohes Gebäude in Sicht. Es ist das Stakis Four Seasons House Hotel in Aviemore. Bald darauf endet der breite, neu angelegte Wanderweg und geht in einen schmalen Pfad über, der hinauf auf eine niedrige Hügelkette führt.

Von dort hat man einen besonders schönen Ausblick auf die umgebende Landschaft mit den Cairngorm Mountains im Hintergrund. Bei schönem Wetter lässt sich hier leicht ein guter Rastplatz finden.

15. Boat of Garten - Aviemore

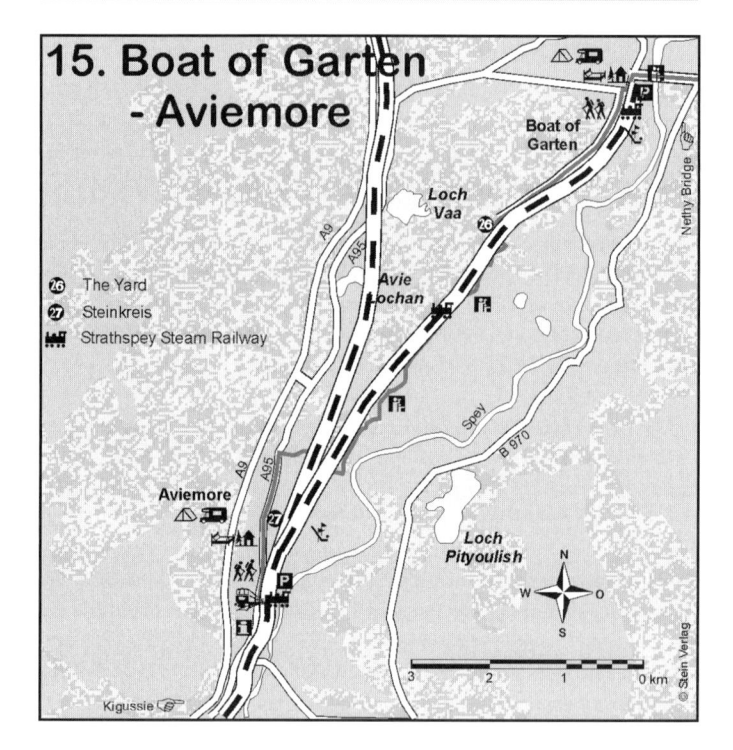

- ㉖ The Yard
- ㉗ Steinkreis
- 🚂 Strathspey Steam Railway

Leider ist dieser schöne Pfad nicht von Dauer. Schon bald verbreitert er sich wieder zu einem ausgebauten, "zweispurigen" Wanderweg. An dieser Stelle finden Sie, fein säuberlich in einer Reihe stehend, große, mehr als 4 m hohe Blumen aus Metall. Ein Kunstwerk, das irgendwie nicht so recht in die Landschaft passen will. Und am nun gut wahrzunehmenden Verkehrslärm kann man erkennen, dass das Ende des Speyside Ways in Aviemore nicht mehr weit sein kann.

Aber zunächst müssen Sie nochmals die Gleise der Strathspey Steam Railway unterqueren und kurz darauf diejenigen der Bahnlinie zwischen Aviemore und Inverness. Danach geht es zwischen Weideland auf eine Anhöhe, von der Sie einen ersten Blick auf Aviemore werfen können. Der Speyside Way führt nun direkt an die Hauptstraße, neben der ein neuer Wanderweg geschaffen wurde.

Die letzten 2 km des 135 km langen Weitwanderweges dienen nun nur noch dazu, das Ziel, den Bahnhof von Aviemore, zu erreichen. Schon bald gelangen Sie an die ersten Häuser.

Cairngorm Hotel in Aviemore

Auf Fußwegen geht es entlang der viel befahrenen Hauptstraße, vorbei an einer Vielzahl von Hotels, Gästehäusern und B&B-Unterkünften weiter bis zum Bahnhof, wo Sie das derzeitige Ende des Speyside Ways erreicht haben.

Aviemore

- **ℹ** Tourist Information Centre, Grampian Road, Aviemore PH21 1PP, ☏ 01479/810363, FAX 01479/811063, ganzjährig
- 🛏 Cairngorm Hotel, Grampian Road, Aviemore, PH22 1PE, ☏ 01479/810233, 52 Betten, ÜF ab £ 33,50, ganzjährig
- ♦ Kinapol Guest House, Dalfaber Road, Aviemore, PH22 1PY, ☏ 01479/810513, 12 Betten, ÜF ab £ 16, ganzjährig
- ♦ Cairngorm Guest House, Main Road, Aviemore PH22 1RP, ☏ und FAX 01479/810630, 20 Betten, ÜF ab £ 20, ganzjährig
- ♦ Ravenscraig Guest House, Grampian Road, Aviemore PH22 1RP, ☏ 01479/810278, FAX 01479/812742, 30 Betten, ÜF ab £ 20, ganzjährig
- **B&B** Eriskay, Craig-na-Gower Avenue, Aviemore PH22 1RW, ☏ 01479/810717, FAX 01479/812312, 6 Betten, ÜF ab £ 20, ganzjährig
- ♦ Dunroamin, Craig-na-Gover Av., Aviemore, PH22 1PF, ☏ 01479/810698, 8 Betten, ÜF ab £ 18, ganzjährig
- ♦ Cragellan, Grampian Road, Aviemore, PH22 1RP, ☏ 01479/812453, 6 Betten, ÜF ab £ 20, ganzjährig
- 🏠 Aviemore Youth Hostel, 25 Grampian Road, Aviemore PH22 1PF, ☏ 01479/810345, 150 Betten, Ü £ 5-14, ganzjährig

- Aviemore Bunkhouse, Dalfaber Road, Avirmore, PH22 1PU,
  ☎ 01479/811181, 40 Betten, Ü ab £ 14, 🛏 ganzjährig
- Aviemore Mountain Resort Caravan Park, Aviemore PH22 1PF,
  ☎ 01479/810751. Der Platz befindet sich im Ort.
- Aviemore bietet eine Fülle weiterer Unterkunftsmöglichkeiten in allen Preislagen. Die meisten liegen an der Grampian Road nördlich des Bahnhofs. Weitere Informationen dazu erhalten Sie im Touristenbüro.
- Health Centre, ☎ 01479/810258
- ☎ 01479/810228
- Aviemore bietet sämtliche Einkaufsmöglichkeiten sowie Dienstleistungen jeder Art. Viele Spezialgeschäfte für Berg- und Wintersportler.

Wie uns ein vom Touristenbüro herausgegebener Prospekt verspricht, ist Aviemore einmalig. Bis 1960 war der Ort eigentlich nur eine kleine Ansammlung von Häusern mit einem Bahnhof. Dann jedoch wurden die Cairngorm Mountains als Skigebiet entdeckt und Aviemore entwickelte sich innerhalb kürzester Zeit zu einem Winter- und Bergsportzentrum.

Diese Entwicklung macht es auch verständlich, warum der Ort im Vergleich zu den vorangegangenen entlang des Speyside Ways einen eher tristen und langweiligen Eindruck macht, der wenig Charme und Flair ausstrahlt und von vielen Besuchern nur als Durchgangsstation oder als Schlafplatz angesehen wird.

Aber immerhin, so verspricht es jedenfalls der Prospekt, hat Aviemore eine große Vielfalt an Attraktionen zu bieten, wie beispielsweise das einzige Kino weit und breit.

🚂 Sehenswert ist aber der **Bahnhof** des Ortes, an dem sowohl die Züge der British Rail halten, als auch die der Strathspey Steam Railway. Die im Jahre 1898 eingeweihte Station, wurde genau 100 Jahre später vollkommen neu im Stil der damaligen Zeit restauriert und gilt heute zu Recht als Schmuckstück des Ortes.

✡ Erwähnenswert ist noch ein **prähistorischer Steinkreis**, der mehr als 4.000 Jahre alt ist. Er liegt westlich der Main Street etwa 1 km nördlich vom Bahnhof in einem neuen Wohngebiet. Die Abzweigung von der Main Street und der weitere Weg sind markiert.

Anders als Aviemore selbst ist ein Ausflug in die Umgebung der Stadt aber äußerst lohnend.

Da wäre zunächst der **Glenmore Forest Park** zu nennen, ein ausgedehntes Waldgebiet mit dem großen See **Loch Morlich** im Osten der Stadt; ein ideales Gebiet zum Wandern, Radfahren, Segeln, Windsurfen, Kanufahren oder Angeln. Der Naturfreund findet hier noch eine mehr oder weniger intakte Umwelt und viele, darunter z.T. sehr seltene Pflanzen und Tiere. Ein Informationszentrum gibt Auskunft über die Landschaft.

Bahnhof von Aviemore

♦ **Glenmore Forest Park Visitor Centre**, Glenmore PH22 1QU,
 ☎ 01479/861220, 🕐 täglich ganzjährig

Im Forest Park ist im **Cairngorm Reindeer Centre** die einzige mehr oder weniger freilebende Rentierherde Großbritanniens zu sehen. In einem Infozentrum werden viele Fakten und interessante Details über diese nordischen Tiere vermittelt.

♦ **The Cairngorm Reindeer Centre**, Glenmore PH22 1QU,
 ☎ 01479/861228, 🕐 Infozentrum täglich 10:00 bis 17:00, ganzjährig. Besichtigung der Herde 11:00, von Mai bis September zusätzlich 14:30

Wenn Sie die Straße durch den Glenmore Forest Park weiter fahren, gelangen Sie direkt zu einem **Skizentrum** mit Sesselliften und anderen Einrichtungen für Liebhaber dieses Wintersports.

Wie die meisten Skizentren vermitteln auch diese Anlagen außerhalb der Saison einen trostlosen Eindruck. Allerdings lassen sich von hier aus herrliche Bergwanderungen unternehmen, die aber nur dem erfahrenen Bergwanderer mit entsprechender Ausrüstung vorbehalten sind.

Der Speyside Way mit dem Fahrrad

Der Malt Whisky Trail mit dem Auto

Die "Pagodendächer" der Strathisla Distillery

Der Speyside Way mit dem Fahrrad

Radfahren ist auf den meisten Etappen des Speyside Way erlaubt. Einzig der Abschnitt von Auldich Farm bis Tomintoul (**Etappe 9 und 10**), der zum größten Teil auf schmalen Pfaden durch empfindliche Heidelandschaft führt, ist für Radler gesperrt.

Für Radler gesperrt ist auch der Streckenabschnitt zwischen Ballindalloch und Cromdale (**Etappe 11**). Ausgenommen davon sind natürlich öffentliche Straßen und ausdrücklich für Radler markierte Trails.

Darüber hinaus sollten Radfahrer einen kleinen Streckenabschnitt in Fochabers (**Etappe 3**), der zum Absteigen und Schieben zwingt, meiden. Alle gesperrten oder ungeeigneten Streckenabschnitte können auf wenig befahrenen öffentlichen Straßen umfahren werden.

Während der **Etappe 3** sollten Sie das kleine Tal am Ende der West Street meiden, wenn Sie hier nicht schieben wollen. Sie können die Strecke ganz einfach umfahren, indem Sie die West Street unmittelbar vor der High School verlassen. Sie fahren an dieser Stelle links in die Woodside Road und haben die High School nun auf Ihrer rechten Seite.

Nach etwa 300 m biegen Sie wieder rechts in die Ordiquish Road. Nach etwa 800 m stößt dann der Speyside Way auf diese Straße, die nun weiter bis zum Etappenende bei Boat o' Brig verläuft.

Etappe 9 verläuft für Radler bis zur Abzweigung zur Auldich Farm von der B9008 genau wie der Fußweg. An der Abzweigung müssen Radfahrer weiter auf der glücklicherweise wenig befahrenen Autostraße bleiben. Bei Bridgend of Glenlivet erreichen Sie den River Livet. Wenn Sie sich hier links halten und den Fluss nicht überqueren, gelangen Sie nach kurzer Fahrzeit an den Endpunkt von Etappe 9 an der Glenlivet Public Hall.

Für **Etappe 10** stehen Ihnen mehrere Varianten zur Verfügung. Tourenfahrer oder Reiseradler erreichen Tomintoul am einfachsten, wenn sie den Speyside Way auf den wenig befahrenen Autostraßen B9008 im Osten über Tomnavoulin oder auf der B9136 im Westen umfahren.

Darüber hinaus sind eine Reihe markierter **Trails für Mountainbikefahrer** in Glenlivet angelegt worden. Diese Trails lassen sich so kombinieren, dass Sie abseits von Autostraßen das Etappenende in Tomintoul auf unbefestigten Wegen erreichen können.

📖 Vom Estate Office & Information Centre ist dazu eine Radwanderkarte mit den einzelnen Routenbeschreibungen im Maßstab 1:50.000 herausgegeben worden. Die Karte ist im Touristenbüro oder im Estate Office erhältlich. Bedenken Sie bei der Planung aber, dass sich diese Strecken in der Regel nur für Mountainbikefahrer eignen.

Weitere ausgeschilderte **Mountainbike Trails** gibt es entlang des Speyside Way im Wood of Ordiequish in der Nähe Fochabers (Etappe 3) und am Ben Aigan (Etappe 4).

✋ Als Radler sollten Sie daran denken, dass der Speyside Way eigentlich ein Fußwanderweg ist und Radfahrer nur solange geduldet werden, wie sie Wanderer nicht belästigen oder gar gefährden. Der Wanderweg hat größtenteils keine feste Oberfläche, so dass es bei nasser Witterung zu matschigen oder schlammigen Abschnitten kommen kann. Steigen Sie an solchen Passagen vom Rad oder umfahren Sie die Stellen, weil sonst der Untergrund nachhaltig zerstört wird. Um die empfindliche Landschaft zu schonen, müssen Off-Road-Fahrer beachten, dass das Radfahren im Gelände nur auf ausgewiesenen Trails erlaubt ist.

Der Malt Whisky Trail mit dem Auto

Für Automobilisten ist der sogenannte **Malt Whisky Trail** ausgeschildert worden. Er verbindet sieben bekannte Destillerien und die Böttcherei Speyside Cooperage miteinander. In den Hochglanzbroschüren der Fremdenverkehrsämter der Region wird stolz von dem "*einzigen Malt Whisky Trail der Welt*" gesprochen.

Wenn Sie alle Destillerien sowie die Böttcherei anfahren wollen, sind Sie über 100 km mit dem Auto unterwegs. Für die Besichtigungen der Destillerien und der Fassmacherei müssen Sie jeweils etwa eine Stunde rechnen, so dass das gesamte Programm nicht an einem Tag zu bewältigen ist.

Der Whisky Trail ist an sich auch nicht als Rundtour angelegt. Vielmehr sind die Destillerien netzartig miteinander verknüpft, so dass man sich eine individuelle Route zusammenstellen kann und je nach zur Verfügung stehender Zeit die eine oder andere Anlage auslassen kann. Die folgende Beschreibung dient daher nur als Anregung.

🥃 Die Tour beginnt mit der Besichtigung der **Glenlivet Distillery** (☞ Etappe 9). Von dort geht es weiter auf der B9008 Richtung Norden. Bei Ballindalloch treffen Sie auf die A95, wo Sie weiter Richtung Aberlour und Craigellachie fahren.

🥃 Nach etwa 5 km auf der A95 zweigen Sie rechts ab zur **Destillerie Glenfarclas**, (= *glen-farkles*) die Sie nach gut 500 m erreichen. Die 1836 gegründete Destillerie wird heute in fünfter Generation von der Familie J. & G. Grant, die übrigens nicht mit der Familie William Grants von Glenfiddich verwandt ist, geführt. Die Malts der Destillerie haben seit jeher einen besonders guten Ruf und werden weltweit in großen Mengen vertrieben. Dies mag auch daran liegen, dass Glenfarclas insbesondere bei der Verbreitung unverdünnten Whiskys, den sogenannten *cask strengths*, eine Vorreiterrolle spielte und sich damit einen Namen erwarb. Der mit 60% Vol. Alkohol abgefüllte 8jährige *Glenfarclas 105* gilt als Spitzenreiter unter den Malts mit Fassstärke und hat treue Liebhaber auf der ganzen Welt. Weiterhin erhältlich ist ein 15jähriger mit 46% sowie 17-, 21-, 25- und 30jährige mit 43% Vol. Das Wasser für den Whisky stammt aus Quellen vom Ben Rinnes. Zur Reife wird er ausschließlich in Sherryfässern gelagert.

Das ausgezeichnete Besucherzentrum bietet einen Geschenkartikelladen sowie eine kleine Ausstellung zum Whisky. Neben einem audiovisuellen Vortrag bietet Glenfarclas auch einen Rundgang durch die Produktionsanlagen mit den sechs Stills an.

♦ Glenfarclas Distillery, Ballindalloch AB37 9BD, ☎ 01807/500257, FAX 01807/500234, 🕐 Mo bis Fr 10:00 bis 17:00, im Winter nur 10:00 bis 16:00, von Juni bis September zusätzlich Sa 10:00 bis 16:00, Eintritt £ 3,50. Der Eintrittspreis enthält einen Gutschein, der im Geschenkartikelladen eingelöst werden kann.

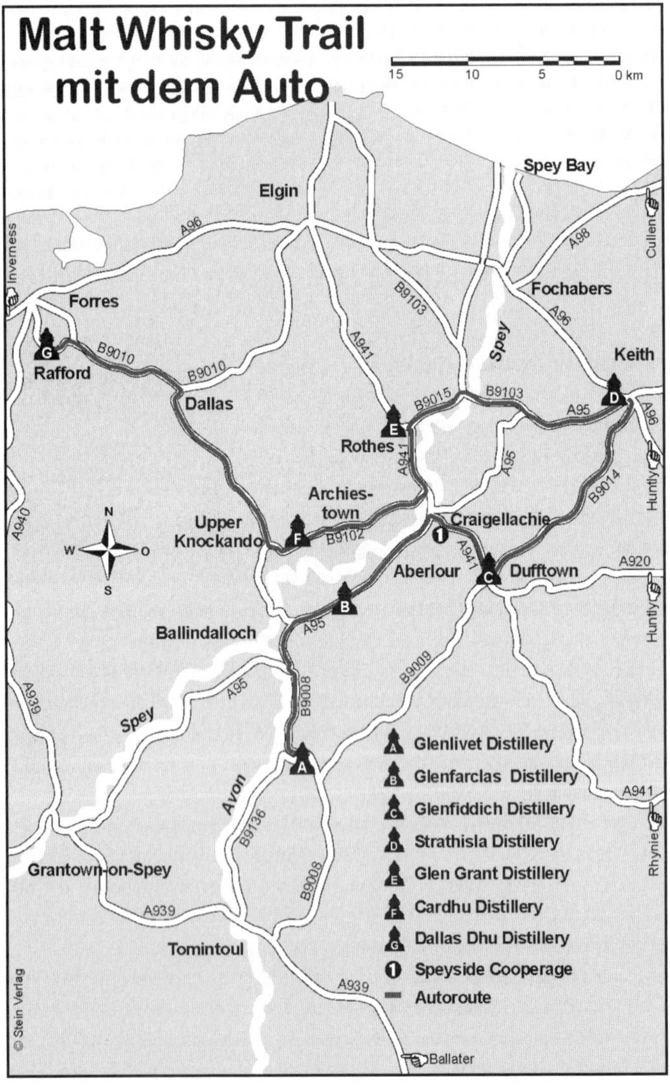
Malt Whisky Trail
mit dem Auto
15 10 5 0 km
Spey Bay
Elgin
Cullen
Inverness
A96
A98
Fochabers
Forres
B9103
A96
Spey
Keith
A941
Rafford
B9010
B9010
Dallas
B9015
B9103
A95
A96
Rothes
A941
A95
Huntly
B9014
Archies-
town
N
W
O
S
A940
Upper
Knockando
B9102
Craigellachie
A941
Aberlour
Dufftown
A920
Huntly
Ballindalloch
A95
B9009
A939
Spey
A95
B9008
Glenlivet Distillery
Glenfarclas Distillery
Glenfiddich Distillery
Strathisla Distillery
Glen Grant Distillery
Cardhu Distillery
Dallas Dhu Distillery
Speyside Cooperage
Autoroute
A941
Avon
B9136
Rhynie
B9008
Grantown-on-Spey
A939
Tomintoul
A939
Ballater
© Stein Verlag

Von Glenfarclas aus fahren Sie weiter Richtung Craigellachie. Dort verlassen Sie die A95 und biegen in die A941 Richtung Dufftown ein. Kurz hinter Craigellachie liegt auf der rechten Straßenseite die Böttcherei Speyside Cooperage (☞ Etappe 4).

🥃 Weiter geht es nach Dufftown, wo die weltbekannte **Glenfiddich Distillery** (☞ Etappe 5) besichtigt werden kann.

🥃 In Dufftown fahren Sie auf der B9014 weiter nach Keith, wo die **Destillerie Strathisla** auf Sie wartet. Diese Brennerei wurde schon 1786 gegründet und ist damit die älteste Destillerie in den Highlands. Sie hat sich vor allem als Produzent des Blended Whiskys "Chivas Regal" einen Namen gemacht.

Spirit Safe in der Strathisla Distillery

Neben dem Rundgang durch die Produktionsanlagen und der Visite des Besucherzentrums mit einer kleinen Ausstellung und kostenlosem Kaffee und Gebäck lohnt sich auch die Besichtigung der Brennerei von außen. Mit ihren typischen Pagodentürmen gehört sie zu den architektonisch attraktivsten Brennereien Schottlands.

◆ Strathisla Distillery, Keith, Banffshire AB55 3BS, ☎ 01542/783044, FAX 01542/783039, 🗓 April bis Oktober Mo bis Sa 10:00 bis 16:00, Eintritt £ 4. Besucher unter 18 Jahren frei. Der Eintrittspreis enthält einen Gutschein, der beim Kauf einer Flasche Whisky verrechnet wird.

Von Keith geht es weiter auf der A95 Richtung Westen. Bei Mulben schwenkt die A95 scharf nach links. Sie fahren weiter geradeaus auf die B9103, die bei Boat o' Brig den Spey überquert. Kurz darauf gelangen Sie auf die B9015, die links weiter nach Rothes führt, wo Sie nach wenigen Kilometern ankommen.

🥃 **Rothes** ist die Heimat mehrerer Destillerien. Eine davon ist die zum Malt Whisky Trail gehörende **Glen Grant Distillery**. Die 1840 gegründete Brennerei war eine der ersten, die Single Malt Whisky vertrieben hat und gehört zu den größten Whiskyproduzenten Schottlands. Auf dem Maltmarkt ist sie weltweit die Nummer zwei nach Glenfiddich. Neben dem üblichen Brennerei-Rundgang, dem Geschenkartikelladen und der audiovisuellen Show schließt die Besichtigung der Brennerei auch einen Rundgang in dem von Major Grant im viktorianischen Stil angelegten Garten ein.

♦ Glen Grant Distillery, Rothes, Morayshire AB38 7BS, ☎ 01542/783318, FAX 01542/783304, 🕐 Mitte März bis Ende Oktober Mo bis Sa 10:00 bis 16:00, So 12:30 bis 16:00, Eintritt frei

Von Rothes fahren Sie weiter auf der A941 Richtung Craigellachie, biegen aber noch vor dem Überqueren des Spey rechts ab auf die B9102 Richtung Archiestown.

🥃 Etwa 4 km hinter Archiestown geht es rechts ab zur **Destillerie Cardhu**. Cardhu wurde 1824 von Helen und John Cumming gegründet. Aber schon lange vor der offiziellen Gründung mit dem Erwerb der Lizenz zum Brennen wurde auf der von der Familie Cumming gepachteten Farm Cardow illegal Whisky gebrannt. Das Maischen und Gären gab Helen Cumming in der Zeit des Schwarzbrennens gegenüber den Zollinspektoren als Brotbacken aus. Das eigentliche Brennen geschah in einem geheimen Versteck. Wenn die Inspektoren im Anmarsch waren, hisste Helen Cumming eine rote Flagge, um die vielen illegalen Brenner in den umliegenden Hügeln zu warnen. Die Mitbegründerin der Destillerie wurde weit über 80 Jahre alt und galt als Respektsperson im Ort, von der man sich heute noch viele Geschichten erzählt. Cardhu liefert einen Großteil des Whiskys für den bekannten Blend Johnnie Walker. Der Single Malt der Brennerei reift mindestens 12 Jahre in alten Eichenfässern.

- Cardhu Distillery, Knockando, Aberlour AB38 7RY, ☏ 01340/810498, FAX 01340/810498, ⌚ ganzjährig Mo bis Fr 10:00 bis 16:00, März bis November morgens eine halbe Stunde früher und abends eine halbe Stunde länger geöffnet, April bis September zusätzlich Sa 9:30 bis 16:30 und Juli bis September zusätzlich So 11:00 bis 16:00, Eintritt für Erw. £ 2, Besucher unter 18 Jahren Eintritt frei. Der Eintrittspreis enthält einen Gutschein im Wert von £ 3, der im Geschenkartikelladen ebenfalls beim Kauf von Whisky verrechnet wird.

Die letzte Station des Whisky Trails liegt etwas abseits und führt Sie Richtung Forres. Sie verlassen dazu die B9102 kurz hinter Cardhu in Upper Knockando nach rechts und fahren auf der unbezeichneten Straße nach Nordwesten Richtung Dallas, das Sie nach 11 km erreichen. In Dallas biegen Sie am Ehrenmal nach links ab und kommen so nach weiteren 7 km an die B9010, die Elgin mit Forres verbindet. Dort fahren Sie nach links, wo Sie nach **Rafford** gelangen. Gleich hinter dem Ort müssen Sie wieder links abbiegen.

⌘ Nach wenigen Kilometern haben Sie dann die ehemalige **Destillerie Dallas Dhu** im Südosten von Forres erreicht. Obwohl Dallas Dhu seit 1983 nicht mehr produziert, lohnt sich der Abstecher. Die 1899 gegründete Brennerei dient heute nämlich als Destilleriemuseum, in dem Sie auf eigene Faust die ehemalige vollständig erhaltene Anlage erkunden können. Sie ist ein gutes Beispiel einer typischen Destillerie, wie sie um die Jahrhundertwende betrieben wurde. Außerdem bietet das Museum eine audiovisuelle Show zum Whisky, eine Ausstellung und einen Geschenkartikelladen. Hier können Sie noch Whisky-Abfüllungen aus alten Fässern von Dallas Dhu erhalten, die im Laufe der Zeit natürlich immer rarer werden.

- Dallas Dhu Historic Distillery, Mannachie Road, Forres, ☏ 01309/676548, ⌚ April bis September Mo bis Sa 9:30 bis 18:30, So 14:00 bis 18:30, Oktober bis März Mo, Di, Mi und Sa 9:30 bis 16:30, Do 9:30 bis 12:30, So 14:00 bis 16:30, Eintritt für Erw. £ 3, Kinder £ 1

Mit der Besichtigung der Museumsdestillerie Dallas Dhu endet die Tour auf dem für Autos ausgeschilderten Malt Whisky Trail. Natürlich bleibt es Ihnen unbenommen, eine der vielen anderen Brennereien, an denen Sie entlang des Weges vorbeikommen, zu besichtigen, sofern sie für das Publikum geöffnet sind.

Kleiner Sprachführer
Literatur

The Livet River

Kleiner Sprachführer

Offizielle **Amtssprache** in Schottland ist **Englisch**, das von allen Schotten beherrscht wird. Dabei unterscheiden sich Aussprache und Redeweise in einigen Regionen vom Schulenglisch so stark, dass sogar Engländer ihre Schwierigkeiten damit haben. Hier hat sich im Laufe der Zeit ein eigener Dialekt gebildet. Dennoch kann man sich, vorausgesetzt die eigenen Englischkenntnisse sind entsprechend, meist problemlos verständigen.

Besonders ungewohnt und schwierig auszusprechen sind dabei Begriffe gälischen oder anderen Ursprungs. Oder hätten Sie z.B. gewusst, dass man Glen Mhor wie *Glen Voor*, Glen Garioch wie *Glen Gieri*, Allt-a'Bhainne wie *Olt-e-veyn* oder Dailuaine wie *Däll-yuwan* ausspricht?

Engländern gegenüber haben wir einen großen Vorteil, da wir den *ch*-Laut im Deutschen haben. Im Englischen gibt es diesen Laut, wie in dem deutschen Wort *Bach*, nicht. So sprechen die meisten Engländer z.B. den bekannten Malt Whisky **Glenfiddich** falsch aus (*Glenfiddick* statt *Glenfiddich*). Auch Loch (= See, Fjord) wird wie *Loch* gesprochen und nicht etwa *Lock*.

Neben dem Englischen wird in Schottland heute noch **Gälisch** gesprochen. Gälisch ist die uralte Sprache der keltischen Einwanderer, die im 6. Jahrhundert nach Schottland kamen. Zeitweise war sie die dominierende Sprache ganz Schottlands. Heute wird sie nur noch von etwa 80.000 Schotten beherrscht. Am weitesten verbreitet ist Gälisch noch im Nordwesten und auf den Hebriden, wo es sogar gälische Radiosender gibt.

Obwohl verstärkt Anstrengungen unternommen werden, Gälisch am Leben zu erhalten und wieder zu einer echten Umgangssprache zu machen, ist doch zu befürchten, dass sie in nicht allzu ferner Zukunft nicht mehr zu den lebenden Sprachen zählen wird.

Während Gälisch eher die Sprache der einfacheren Leute war, entwickelte sich in Schottland ab dem 11. Jahrhundert eine weitere Sprache, das **Scots**. Diese dem Englischen nahe verwandte Sprache mit eigener Syntax und einem abweichenden Wortschatz wurde vor allem in adligen Kreisen gesprochen.

In anderen Landesteilen sind darüber hinaus noch Reste weiterer Sprachen erhalten. So sind an den Küsten, die lange Zeit unter skandinavischem Einfluss standen, viele Begriffe aus dem nordischen Sprachraum eingeflossen. Auf den Shetlands und Orkneys wird neben Englisch noch **Norn** gesprochen, eine Abart des Altnordischen.

Schwieriger wird es beim Ursprung der Bezeichnungen für Berge, Täler, Flüsse, Landschaften usw., die vor allem im Norden aus fünf unabhängigen Kulturen abgeleitet werden können. Neben gälischem und englischem Ursprung können diese topographischen Bezeichnungen auch vorkeltischen, piktischen oder skandinavischen Ursprungs sein.

Im Bereich des Spey stammen die weitaus meisten Bezeichnungen aus dem Gälischen. Um Ihnen das Lesen der Landkarten zu erleichtern, in denen es von zunächst unverständlichen Bezeichnungen nur so wimmelt, werden im folgenden die wichtigsten in den Karten verwendeten Begriffe erläutert. Beachten Sie bitte, dass vielfach die Schreibweise variiert und nicht einheitlich ist.

Gälisch	**Deutsch**
aber	Zusammenfluss
allt	Bach, Fluss
bal, ball	Siedlung
beag	klein
ben, benn, beinn	Berg
bonnie	schön
buachaille	Schäfer, Hirte
burn	Bach
caol	Bucht
carn, cairn	Steinhaufen, oft auch im Sinne von Denkmal
clach	Stein
clachan	Häusergruppe, kleines Dorf
cnoc	kleiner Hügel
coille	Wald

coire, corrie	Talkessel
col	Pass
craggan	Felsenhügel
craig, creag	Felsen, Klippe
croft	sehr kleines Gehöft
cruach	Hügel, großer Haufen
dearg	rot
dobhar	Bach, Fluss
drum, druim	Gebirgskamm, Grat, Bergrücken, Hügelkette
dubh, dhu	dunkel, schwarz
dun, dùn	Festung, steiler Hügel
eag	Kerbe
eas, ess	Wasserfall
eilean, eilein	Insel
estate	Landgut
glas, ghlas	grau, grün
gleann, glen	Tal
glomach	Schlucht
gorm	blau
innis	Insel
inver	Flussmündung
kil	Kirche, Friedhof
knock	Hügel
kyle	Bucht
laggan	Mulde
lairig	Pass
liath	grau
linn, linne	Teich
loch	See, Fjord
lochan	kleiner See

meall	rundlicher Hügel
mon	Moor
mor, more	groß
muir	Moor
mull	Vorgebirge
mullach	Gipfel
ruadh	rot
scuir	Gipfel
sgurr, sgor	felsiger Gipfel
stob	Gipfel
strath	Tal
tarbert	Landenge
uisge	Wasser

Literatur

Über Schottland sind einige Reiseführer, Bildbände und Magazine erschienen. Speziell über den Whisky Trail/Speyside Way oder die Region Speyside gibt es außer dem vorliegenden Buch keinen deutschen Führer. Ich habe daher neben wenigen ausgewählten deutschen Titeln über Schottland im Allgemeinen einige englische Veröffentlichungen über die Region aufgeführt. Hinweise zu Karten finden Sie unter ☞ Reise-Infos von A bis Z.

Ausgewählte deutschsprachige Literatur über Schottland

- ♦ **Wege in die Wildnis - Großbritannien**, D. Botting, Westermann
- ♦ **Schottland - Reiseführer Natur**, R. & A. Kostrzewa, BLV
- ♦ Mitte des letzten Jahrhunderts hat Theodor Fontane eine Schottlandreise unternommen und darüber in einem lesenswerten Buch berichtet. Der Text wird von verschiedenen Verlagen herausgegeben, zum Teil mit sehr schönen Bildern versehen.

So ist z.B. beim **Westermann Verlag** eine leicht gekürzte Neuauflage mit hervorragenden Bildern erschienen:

- **Jenseits des Tweed** - Eine Schottlandreise auf den Spuren Theodor Fontanes mit Texten von Th. Fontane und Fotos von D. Blase, Westermann Verlag, Braunschweig 1987.
- Auch in der Reihe der **Insel Taschenbücher** (Band 1066) ist der Text mit zahlreichen Abbildungen erschienen.
- **Schottland**, Merian, Nr. 6, Juni 1993
- **Schottland**, GeoSpecial, Nr. 3, Juni 1995
- **Schottland**, HB Bildatlas, Nr. 144, 1995

Englischsprachige Literatur zum Speyside Way und zur Region

- **The Moray Coast, Speyside & the Cairngorms** von J. MacGregor, BBC 1987. Der Rundfunk- und Fernsehautor gibt eine persönliche Beschreibung seiner Wanderung entlang der Küste und des Spey bis in die Cairngorm Mountains.
- **The Complete Moray Rambler** von R. Gordon. Das etwa 140 Seiten starke Buch ist 1996 in der 4. Auflage erschienen. Die empfehlenswerte Veröffentlichung enthält neben zahlreichen Beschreibungen von Wanderungen in Moray auch viele interessante Details zur Geschichte der Region.
- **Hillwalking in Grampian Highlands**. Die kleine Broschure enthält 140 Tourenvorschläge für Bergwanderungen in den Grampian Mountains. Sie ist zum Preis von £ 1 in den meisten Touristenbüros und vielen Buchhandlungen zu erhalten.

Ausgewählte OutdoorHandbücher aus dem Conrad Stein Verlag

- **Angeln** - OutdoorHandbuch Basiswissen für draußen (Band 21) von Harald Barth, ISBN 3-89392-121-4, € 7,90
- **Bergwandern** - OutdoorHandbuch Basiswissen für draußen (Band 9) von Tim Castagne, ISBN 3-89392-109-5, € 6,90
- **Karte Kompass GPS** - OutdoorHandbuch Basiswissen für draußen (Band 4) von Reinhard Kummer, ISBN 3-89392-604-6, € 7,90

- **Kochen I - aus Rucksack und Packtasche** - OutdoorHandbuch Basiswissen für draußen (Band 8), Nicola Boll, ISBN 3-89392-608-9, € 7,90
- **Mountainbiking** - OutdoorHandbuch Basiswissen für draußen (Band 2) von Markus Seibel, ISBN 3-89392-302-0, € 7,90
- **Radwandern** - OutdoorHandbuch Basiswissen für draußen (Band 34) von Andreas Bugdoll, ISBN 3-89392-134-6, € 7,90
- **Spuren und Fährten** - OutdoorHandbuch Basiswissen für draußen (Band 30) von Hartmut Engel & Stefan Zabanski, ISBN 3-89392-130-3, € 6,90
- **West Highland Way** - OutdoorHandbuch Der Weg ist das Ziel (Band 26) von Hartmut Engel, ISBN 3-89392-626-7, € 12,90
- **Wetter** - OutdoorHandbuch Basiswissen für draußen (Band 13) von Michael Hodgson und Meeno Schrader, ISBN 3-89392-313-6, € 6,90.
- **Wildniswandern - Planen - Ausrüsten - Durchführen** - OutdoorHandbuch Basiswissen für draußen (Band 7) von Reinhard Kummer, ISBN 3-89392-307-1, € 6,90

Index

Brücke über den Spey in der Nähe von Boat o' Brig

Index

A
Aberlour	105
Aberlour-Glenlivet Distillery	107
Abfüllen	37
Archiestown	111
Auchindoun Castle	102
Auldich Farm	120
Aviemore	151

B
Ballindalloch	115
Ballindalloch Castle	117
Balvenie Castle	94, 99
Ben Aigan	86
Ben Rinnes	102
Blacksboat	114
Boat o' Brig	86
Boat of Garten	147
Bridge of Avon	119
Buchtipps	27
Buckie	70
Bunkhouses	66
Burn of Dalvey	134

C
Cairngorm Mountains	142
Carn Daimh	127
Carron	111
Clock Tower	94, 101
Convalmore Distillery	93
Cragganmore Distillery	117
Craigellachie	88
Cromdale	136
Cromdale Hills	122
Crown Estate	122

D
Dailuaine	110
Deskie Farm	121
Destillerie Auchroisk	86
Destillerie Balvenie	99
Destillerie Cardhu	113, 160
Destillerie Craigellachie	90
Destillerie Dailuaine	110
Destillerie Dallas Dhu	161
Destillerie Glendullan	98
Destillerie Glenfarclas	157
Destillerie Imperial	111
Destillerie Macallan	91
Destillerie Mortlach	98
Destillerie Strathisla	159
Destillerie Tamdhu	112
Drumin	123
Dufftown	94

E
Earth Pillars	83
Erzmine von Lecht	131

F
Fiddich Park	88
Fochabers	81

G
Garmouth	77
Glen Fiddich	91
Glen Grant Distillery	160
Glenfiddich	95
Glenfiddich Distillery	159
Glenlivet	121
Glenlivet Distillery	123, 157

Glenmore Forest Park	153	River Fiddich	87
Gordon Castle	81	River Livet	121
Grantown-on-Spey	138	River Spey	13
		Robbie Dhu	96
H		Rothes	160
Hill of Deskie	120	Round Hill	103
Hills of Cromdale	134	Roy's Hill	103
K		**S**	
Kingston	78	Slorach's Wood	83, 86
Kininvie Distillery	95	Spey Bay	74
Knockando	111	Spey Valley Smokehouse	139
Knockando Distillery	112	Speyside Cooperage	90
		Strathspey Steam Railway	148
L		**T**	
Lachsfischerei	107	Telford Bridge	89
Little Conval	104	The Osprey Centre	145
Lynn Falls of Ruthrie	108	Tomintoul	127
		Tomintoul Distillery	131
M		Torfabbaustelle	131
Meikle Conval	104	Tormore Distillery	133
Moray Firth Wildlife Centre	77	Touristenbüros	53
Munro	57	Trails für Mountainbikefahrer	156
		Tugnet Ice House	76
N			
Nethy Bridge	143	**W**	
Newton Bridge	93	Walkers Shortbread	104
		Wandersaison	15
P		Warren Wood	79
Packhorse Bridge	123	Winding Walks	82
Portgordon	72	Woods of Knockfrink	134
R			
Rafford	161		
River Avon	14		

Buchtipp

Alice Pantermüller
Oh, dieses Englisch!
Band 4
Fremdsprech
Conrad Stein Verlag
59 Seiten
8 Illustrationen
ISBN 3-89392-404-3

Einleitung
Weltsprache Englisch
Ein Blick auf die Geschichte
Die Verwandtschaft zwischen
Englisch und Plattdeutsch
Die verflixte Aussprache
William Shakespeare
Der Wortreichtum der
englischen Sprache
British & American English
Der britische Humor
Wortspiele
Bildhafte Wendungen
Die britische Höflichkeit
Die Kunst des Fluchens
Ein paar verbale Fehltritte
Englisch im heutigen Deutsch

Alle Bücher aus dem Conrad Stein Verlag

OutdoorHandbücher - Basiswissen für draußen

Band		€
1	Rafting	6,90
2	Mountainbiking	6,90
3	Knoten	6,90
4	Karte Kompass GPS	7,90
5	Essbare Wildpflanzen	7,90
6	Skiwandern	6,90
7	Wildniswandern	7,90
8	Kochen 1 aus Rucks. u. Packt.	7,90
9	Bergwandern	6,90
10	Solo im Kanu	6,90
11	Kanuwandern	7,90
12	Fotografieren	7,90
13	Wetter	6,90
14	Allein im Wald - Survival für Kinder	6,90
15	Wandern mit Kind	6,90
16	Sex-Vorb. Technik Varianten	6,90
20	Wüsten-Survival	7,90
21	Angeln	7,90
22	Leben in der Wildnis	7,90
24	Ratgeber rund ums Wohnmobil	7,00
25	Wale beobachten	7,90
30	Spuren & Fährten	6,90
31	Canyoning	7,90
34	Radwandern	7,90
35	Mushing - Hundeschlittenfahren	7,90
36	Gesund unterwegs	6,90
39	Erste Hilfe	7,90
45	Solotrekking	6,90
48	Für Frauen	6,90
58	Fahrtensegeln	7,90
65	Seekajak	6,90
68	Minimal Impact	6,90
	- Outdoor - naturverträglich	
69	Abenteuer Teeniegruppe	6,90
70	Wintertrekking	6,90
72	Schnorcheln und Tauchen	6,90
73	Trekkingreiten	7,90
77	Wohnmobil in USA und Kanada	9,90
86	Regenwaldexpeditionen	7,90
94	Wattwandern	7,90
97	Urlaub auf dem Land	7,90
99	Kochen 2 - für Camper	6,90
100	Ausrüstung 1 - von Kopf bis Fuß	7,90
101	Ausrüstung 2 - für Camp und Küche	7,90
102	Ballonfahren	7,90
103	How to shit in the Woods	7,90
104	Globetrotten	7,90
106	Daumensprung und Jakobsstab	6,90
108	DocHoliday - Taschendoktor für Outdoorer, Traveller und Yachties	6,90
120	Trailfinder - Orientierung ohne Kompass und GPS	6,90
129	Kochen 3 - für Zeltlager & Freizeiten	7,90
131	Zeltlager und Jugendfreizeiten - Planung und Vorbereitung	7,90
138	Zeltlager und Jugendfreizeiten 2 Durchführung	7,90
143	Trekking mit Hund	9,90
148	Wenn Kinder fliegen	7,90
165	Fastenwandern	6,90
170	Höhlen - Praxistipps	7,90
176	Vulkane erleben	7,90
181	Kurzweilfibel	7,90
184	Trekking Ultraleicht	7,90

OutdoorHandbücher - Der Weg ist das Ziel

Band		€
17	Schweden: Sarek, Padjelanta, Abisco.	12,90
18	Schweden: Kungsleden	12,90
19	Kanada: Yukon - Kanu- und Floß	12,90
23	Spanien: Jakobsweg	14,90
26	Schottland: West Highland Way	12,90
27	John Muir Trail (USA)	10,90
28	Island: Trekking Klassiker	12,90
29	Kanada: West Coast Trail	9,90
32	Polen: Radtouren in Masuren	12,90
33	Trans-Alatau (GUS)	10,90
37	Kanada: Bowron Lakes	10,90
38	Polen: Kanutouren in Masuren	12,90
40	Trans-Korsika - GR 20	12,90
41	Norwegen: Hardangervidda	12,90
42	Nepal: Annapurna	9,90
43	Schottland: Whisky Trail	14,90
44	Tansania: Kilimanjaro	14,90
49	USA: Grand Canyon Trails	10,90
50	Kanada: Banff & Yoho NP	10,90
51	Tasmanien: Overland Track	12,90
52	Neuseeland: Fiordland	10,90
53	Irland: Shannon-Erne	12,90
54	Südafrika: Drakensberge	10,90
55	Spanien: Pyrenäenweg GR 11	12,90
56	Polen: Drawa-Kanutour	9,90
57	Kanada: Great Divide Trails	10,90
59	Kanada: Wood Buffalo NP (Kanu)	9,90
60	Kanada: Chilkoot Trail	9,90
61	Kanada: Rocky Mountains-Radt.	10,90
62	Irland: Kerry Way	12,90
63	Schweden: Dalsland-Kanal	12,90
64	England: Pennine Way	12,90
66	Alaska Highway	12,90
71	N-Spanien: Jakobsweg-Küstenweg	12,90
74	Nordirland: Coastal Ulster Way	10,90
76	Pfälzerwald-Vogesen-Weg	9,90
78	Polen: Pisa-Narew (Kanuroute)	9,90
79	Bolivien: Choro Trail	10,90
80	Peru: Inka Trail u. Region Cusco	12,90
81	Chile: Torres del Paine	12,90
82	Norwegen: Jotunheimen	12,90
83	Neuseeland: Stewart Island	9,90
84	USA: Route 66	9,90
85	Finnland: Bärenrunde	9,90
87	Montblanc-Rundweg - TMB	9,90
88	Griechenland: Trans-Kreta	12,90
89	Schweden: Skåneleden	9,90
90	Mallorca: Serra de Tramuntana	9,90
91	Italien: Trans-Apennin	9,90
92	England: Themse-Ring	9,90
93	Spanien: Sierra Nevada	12,90
95	Norwegen: Nordkap-Route	12,90
96	Polen: Czarna Hancza/Biebrza-Kanu	9,90
98	Wales: Offa's Dyke Path	9,90
107	GR 5: Genfer See - Nizza	12,90
109	Mecklenburgische Seenplatte	9,90
112	Norwegen: Telemark-Kanal	9,90
113	Thüringen: Rennsteig	9,90
114	Alpen: Dreiländerweg (CH-A-I)	9,90
115	Tschechien: Freundschaftsweg	12,90
116	Spanien: Jakobsweg - Via de la Plata	14,90
117	Schweiz: Jakobsweg	12,90
118	Rund Australien	14,90
119	Schwäb. Alb: Hauptwanderweg	12,90
121	Italien: Dolomiten-Rundweg	9,90
122	Schwarzwald-Jura-Weg	9,90
127	Uganda: Ruwenzori-Wand.	12,90
128	Frankreich: Jakobsweg GR 65	14,90

Band	€
132 Dem Kommissar auf der Spur	12,90
133 NRW: Natur und Kultour (per Rad)	12,90
134 Deutschland: Vorpommern Radtour durch die Nationalparks	9,90
135 Deutschland: Schleswig - Holstein Radtour	9,90
136 Schweiz: Matterhorn - Tour du Cervin	9,90
137 Grönland: Arctic Circle Trail	12,90
139 Belgien: Jakobsweg - Via Mosana	9,90
140 Italien: Alpiner Wanderweg Friaul	12,90
141 Nordspanien: Jakobsweg Alternativroute	12,90
142 Jakobsweg Tillyschanz-Konstanz	9,90
144 Kanada: East Coast Trail	9,90
145 Rund Bornholm zu Fuß u.p. Rad	12,90
146 Tschechien: Isergebirge	12,90
147 NRW: Jakobsweg	12,90
149 Norsp.: Jakobsweg durch den Tunnel v. San Adrian	9,90
150 England: Cleveland Way	9,90
151 Kirgistan: Trekking im Tienschan	12,90
152 Nepal: Langtang, Gosaikund u. Helambu	12,00
154 Deutschland: Rothaarsteig	9,90
155 Odenwald-Scharzwald-Weg	12,90
156 Südafrika: Wild Coast Trail	9,90
157 Österreich: Jakobsweg	14,90
159 Sächsische Schweiz Trekkingt.	9,90
160 Brandenburg: Wochenendtouren rund um Berlin	9,90
161 Italien: Ligurischer Höhenweg	12,90
162 Frankr.: Jakobsweg - Via Tolosana	12,90
163 Harz: Hexenstieg	9,90
164 Teutoburger Wald: Hermannsweg	9,90
166 Frankreich Jakobsweg: Via Lemovicensis	12,90
167 Niederl.: Nordseeküstenradweg	12,90
168 Bulgarien: Rila- u. Piringebirge	9,90
169 Dänemark: Nordseeküsten- Radweg (07)	9,90
171 Türkei: Lykischer Weg	9,90
172 Skandinavien: Nordkalottleden (07)	9,90
173 Russland: Flusskreuzfahrt	9,90
174 England: Hadrian's Wall Walk	9,90
175 Schweiz: Bärentrek	9,90
177 Frankreich: Wandern im Vercors	9,90
178 Per Rad in 13 Etappen durch d. südl. Schleswig-Holstein	9,90
179 Dänemark: Ostseeküsten-Radweg	9,90
180 Deutschland: Nordseeküsten Radw.	9,90
183 Deutschland/Österreich: Bregenzerwald (07)	9,90
185 Portugal/Spanien: Jakobsweg Caminho Português	12,90
186 Italien: Franziskaner Wanderweg	14,90
187 Jakobsweg: München nach Brogonz (07)	9,90
188 Jakobsweg: Augsburg nach Bregenz (07)	9,90
189 Brandenburg: Pilgerweg Berlin-Wilsnak	12,90
190 Schottland: Central Highlands & Cairngorn National Park (07)	9,90
192 Rund um Island	9,90
194 Deutschland/Frankreich: Jakobsweg von Trier nach Vézalay	12,90

OutdoorHandbücher - Fernweh-Schmöker

Band		€			
46	Blockhüttentagebuch	12,90	125	Auf dem Weg zu Jakob	9,90
47	Floßfahrt nach Alaska	10,90	126	Kilimanjaro-Lesebuch	7,90
75	Auf nach Down Under	7,90	130	1000 Tage Wohnmobil	12,90
105	Südsee-Trauminsel	9,90	153	Jakobsweg - Lesebuch	7,90
110	Huskygesang - Hundeschlittenf.	7,90	158	Inselfieber	9,90
111	Liebe - Schnaps - Tod	7,90	182	Als Frau allein auf der Via de la Plata	7,90
123	Pacific Crest Trail	9,90			
124	Zwei Greenhorns in Alaska	6,90	193	Weites Grünes Land	7,90

ReiseHandbücher

Äthiopien	22,90	Libyen	22,90
Antarktis	24,90	Rumänien	14,90
Grönland	14,90	Schweiz	18,90
Iran	22,90	Sibirien	22,90
Kiel	9,90	Spitzbergen-Handbuch	22,90
Kiel von oben - Luftbildband	9,90	Tansania / Sansibar	19,90
Kurs Nord	24,90		

Fremdsprech

Band		€			
1	Oh, dieses Dänisch	4,90	6	Oh. dieses Russisch	4,90
2	Oh, dieses Schwedisch	4,90	7	Oh, dieses Norwegisch	4,90
3	Oh, dieses Spanisch	4,90	8	Oh, dieses Niederländisch	4,90
4	Oh, dieses Englisch	4,90	9	Oh, dieses Chinesisch	4,90
5	Oh, dieses Französisch	4,90	10	Oh, dieses Österreichisch	4,90

☺ **Weitere Bücher in Vorbereitung.**
Fordern Sie unseren aktuellen Verlagsprospekt an:

Conrad Stein Verlag GmbH
☏ 02384/963912 FAX 963913
🖳 www.conrad-stein-verlag.de
✉ info@conrad-stein-verlag.de